AF583242

EL HOMBRE SIN SOMBRA

Miguel Iradier

"De la atención a los objetos de los sentidos surge el apego; del apego nacen deseos; del deseo de posesión surge la ira y la pasión; la pasión genera ilusión, y ésta la confusión de la memoria; con la confusión de la memoria los deberes son olvidados y la mente vuelve a chapotear todavía más desorientada entre los objetos de los sentidos". Esta secuencia del Canto del Bienaventurado, que condensa lo más relevante de la psicología india, se ha mantenido fuera del alcance de cualquier estudio moderno sobre la economía de las cosas humanas. Del mismo modo que la ira sería causa involuntaria del olvido, sería el deseo una tentativa improcedente de recuperar la memoria. Se nos ofrece aquí una visión completamente naturalista y elemental del proceso de degradación y la forma de evitarlo que en modo alguno excluye al espíritu y su posición de responsabilidad; igualmente se nos habla de cómo ocurre la ofuscación de la conciencia y cómo la realidad queda envuelta bajo un manto de creciente de distorsiones superpuestas.

No hay ni que decir que la confusión de la memoria a la que aquí se alude nada tiene que ver con la fabricada memoria histórica que cada bando querría recuperar y hacer vigente para todos. Se ha dicho hasta la saciedad que aquellos que no recuerdan el pasado están condenados a repetirlo; pero lo cierto es que el intento de recordarlo tampoco nos libra de la repetición en lo más mínimo. La pasión sería la causante del olvido esencial, y ese olvido propio, el buscador de las formas de compensación. La idea de la Historia como conocimiento necesario y no como un lujo prescindible ya es una distorsión lo bastante monstruosa. En tanto que superposición, la historia misma es confusión de la memoria, que aliada al entretenimiento, se convierte en arma de olvido masivo. Que esto es algo más que una descalificación retórica, lo evidencia el hecho de que las disputas sobre cuestiones más o menos históricas son el medio por excelencia para el surgimiento de estallidos de ira, odio y rencor, tanto más intensos cuando más parecen acercarse al peligroso límite de lo que se consideran hechos objetivos; y pronto se llega a un punto en que lo mejor que uno puede hacer con ciertas convicciones es guardárselas para sí, y aun olvidarlas.

A menudo uno, que no se considera particularmente violento, se levanta ya por las mañanas desenvainando la espada y con ánimo de represalias; hace tiempo que ha elegido al responsable de sus desdichas y de todos los desajustes del mundo, sobre el que puede descargar imaginariamente sus oleadas de furor y placer homicida. El objeto encarnado de su simulacro de odio puede ser alguien al que ni siquiera se ha conocido personalmente, pero lo último que faltan son justificaciones. Desde luego, tales desahogos no suelen tener la menor intención de hacer daño a nadie. Del mismo modo que el deseo, el odio que degrada también se ha degradado él mismo en la exaltación imaginaria de la vida privada, y a menudo hasta extremos ridículos; pues goza de impunidad máxima allí donde parece tan inofensivo. Además de en el olvido, uno puede preguntarse dónde desembocan todos esos impulsos destructivos.

Naturalmente, los estallidos de ira en público son bastante raros dentro de nuestra vida civilizada; pero hoy también son raras el resto de las manifestaciones públicas. Mientras, la rueda inexorable del apego y la aversión sigue girando con idéntica precisión en intensidad y frecuencia, y "sólo" cambia el plano de realidad en el que estos polos se desenvuelven. Ocurre que reconocer aquí una verdadera polaridad ha llegado a hacerse problemático; por el contrario, una cultura que gira en torno al consumo santificará el deseo y su satisfacción en una esfera autónoma e intentará desconectarla tanto como sea posible de los impulsos destructivos del individuo, a no ser que éstos queden satisfechos en un plano imaginario con su neutralización especular. Entretanto, se procura que la "destrucción creativa" quede bajo el control de otras manos. Como esta domesticación progresiva no puede alterar la naturaleza fundamental de la rueda, sino el plano de realidad en el que opera, muchos de los más anómalos fenómenos de violencia privada y "violencia doméstica" recientes pueden responder tanto a las nuevas condiciones como a los hábitos inmemoriales de dominación. De hecho, ambos extremos pueden estar menos distantes de lo que nos parece.

No es nada nuevo que la violencia, como el placer, ha emigrado a zonas cada vez más íntimas del imaginario del sujeto; pero es más difícil ponderar el alcance de estos movimientos. Algo que suele pasar inadvertido es que a medida que rellenamos nuestro interior con distintos materiales prefabricados que llegan al azar desde fuera, ese mismo espacio interior desaparece como tal; claro que esto es independiente de que los contenidos nos parezcan "buenos" o "malos". Cuanto más llena está nuestra vida interior, en el sentido civilizado, más inaccesible se nos hace su espacio; el rellenado de los medios es idéntico al vaciamiento de sustancia propia, sobre la que necesariamente pende un enorme signo de interrogación. En cuanto a la violencia imaginaria, con todo su cortejo de influencias errantes que irían a parar al otro medio, no es menos difícil abstenerse de ella que en presencia del prójimo. No, es mucho más difícil, lo que basta para indicar en qué nivel de superficialidad se mantiene nuestro trato —algo que nuestro sentido civilizado del tacto presupone. Pero ni los medios ni la civilización son capaces de instilar nada particularmente bueno o malo en la naturaleza del sujeto, sino que simplemente degradan sus contornos, los neutralizan y desplazan.

¿Sería realmente deseable que pudiéramos abstenernos incluso de la violencia imaginaria, para dedicarnos a perseguir nuestros placeres sin daño para nadie? ¿Es siquiera posible trascender unilateralmente esta dualidad? Pero esto es sin duda lo que hoy se pretende. Una pregunta así no necesita respuesta, y quedará librada a la discreción de cada cual; uno simplemente puede hacer consigo mismo este incruento experimento, que tal vez no resulte del todo inocuo.

Puede pensarse que preguntar por esto es lo mismo que preguntar si se puede inspirar sin expirar, o si se puede comer sin eliminar; pero no hace falta recordar que, visto desde fuera, nada parece tan superfluo y disfuncional como la violencia imaginaria. Y a pesar de todo, la mera tentativa de abstenernos de ella se revela ciertamente difícil si no contamos con un propósito sólido; esto sólo puede significar que desde el punto de vista interno no sólo comporta una inercia arraigada, también ha de desempeñar su gran parte en el movimiento y circulación de la rueda.

La burda pero eficaz maquinaria psicotécnica moderna intenta unir nuestra rueda íntima al resto de los aparatos en funcionamiento; y suele hacerlo tanto mejor en la medida en que nos convence de que nosotros mismos no somos máquinas. Por otro lado, ya hemos visto con qué grado de evidencia el comportamiento se reduce a una rueda para la filosofía india, hasta el punto en que lo único importa es lo que permanece exento de su circulación. Con todo, una y otra idea de lo mecánico jamás han coincidido, lo que nos lleva de nuevo a considerar los niveles superpuestos que originan la fábrica de esta ilusión.

La rueda de la causalidad de los afectos está hecha de eventos polarizados, es decir, impulsos o apariencias sin entidad propia y que necesitan coexistir de algún modo para crear la dinámica interna de la ilusión. Se da por supuesto que cualquier polaridad es simplemente apariencia y por lo mismo trivial. Ya que el mismo plano de apariencia o manifestación fluctúa y no permanece fijo, se hacen inevitables vínculos y transformaciones entre distintas apariencias o planos. La idea de polaridad se reduce a un círculo o conjunto vacío desde el momento en que la convertimos en un operador binario; mientras tanto ignoramos por completo qué pueda ser lo que circula. ¿Y cuando hay circulación? Cuando dos estados no pueden existir simultáneamente, ocurre la circulación. Observamos además que toda circulación comporta una relación entre el interior de un sistema y su medio exterior, como vemos por ejemplo en la fisiología por la respiración, la circulación o el ciclo digestivo. Sin esta diferenciación pasamos rápidamente de lo concebible propiamente como naturaleza al dominio de la pura abstracción. Pero los cabos de este dentro y este fuera provisionales pronto penetran en lo ilimitado.

Del mismo modo que la atracción no implica necesariamente la asimilación, y aun a menudo demanda el ser asimilado, tampoco la aversión coincide sin más con los procesos de eliminación. De hecho, muchas aversiones son conscientemente cultivadas y alimentadas por uno mismo, y cuanto más consciente sea este cultivo, más probabilidades tiene de concentrarse en forma de odio. Sólo desde la conciencia puede hacerse patente la degradación;

para esto de nada sirve apelar a oscuros impulsos interiores, por más que éstos existan. La conciencia puede decir basta en cualquier momento, pero el problema es que en la medida en que está envuelta ya no está disponible, es decir, no puede cumplir su cometido como conciencia. Esto es evidente para cualquiera, y no hay ninguna necesidad de apelar a los turbios conceptos de cualquier psicología profunda. Pero la conciencia desnuda no da pie para ningún discurso.

Cualquiera que se abstenga de alimentar sus más conscientes aversiones durante un tiempo mínimo —e incluso para eso se requiere un esfuerzo de propósito—, tiene la ocasión de advertir un considerable alivio en el espacio de su persona. Es decir, advierte que hay más espacio dentro, aunque a menudo no sepa qué clase de plantas podrían crecer en ese solar. Además, esta impresión se halla tan sujeta a las intermitencias que uno puede convencerse fácilmente de que se trata tan sólo de una ilusión. Por su parte el engendro de lo social aplaude estas iniciativas, y hasta nos sentimos tentados a decir que las percibe como un autohalago, mientras que no dejaría de tachar de neurótica cualquier abstención de alimentar conscientemente al deseo. Pero ambos extremos no son sino la explotación de nuestra propia naturaleza por nuestra propia imaginación, y cabe preguntarse cómo aquí puede brillar tan poco nuestro agudo espíritu de simetría.

El único plano de la polaridad que resulta inmediatamente relevante es aquel al que se adhiere momentáneamente el yo en su práctica de forzar los extremos, allí donde se encuentra la línea divisoria.

Más allá de esto, parecería que la rueda y su dinámica se limitan a su desempeño funcional. Claro que esto es una suposición, puesto que nuestra adhesión a los extremos tiene un efecto centrífugo y nos aleja siempre del centro de los acontecimientos; abstenerse de la adhesión no detiene la rueda, permite que se manifieste en otros planos del acontecer. Y es ingenuo creer que esos nuevos planos han de yacer en el "interior del sujeto", puesto que la rueda implica necesariamente la circulación entre lo interior y lo exterior. También la autonomía ha de exigir unos contrapesos cuya naturaleza ha olvidado precisamente nuestro pensamiento tan exhaustivamente mecánico. El mecanismo fundamental es el que pone en relación el movimiento y la inmovilidad, y sobre ese mecanismo no somos capaces de decir nada. El psicoanálisis rozó temas importantes al intentar relacionar el impulso del placer, el impulso destructor y la compulsión de repetición entendida como tendencia a retornar a lo inorgánico; pero el psicoanálisis era él mismo una neutralización producto de otras neutralizaciones anteriores y más abarcadoras.

Existen zonas de claroscuro en el interior de la rueda, pero no son menos triviales. Intentamos moderar el deseo con el placer controlado, y el odio y la ira con un desprecio tan extremado como sea necesario; pero el control termina por matar al placer, y el desprecio mata la sensibilidad. Capas de nosotros mismos mueren, y la vida tiene que emigrar a otra parte; también todo esto forma parte de la rueda. No fue el oriental el único en sentir hastío y horror por este mecanismo; el cristiano lo sintió con tanta o mayor agudeza, y llamó Gracia a la misteriosa abertura que concedía cualquier posibilidad de evasión. Se daba casi por sentado que nuestras solas fuerzas son impotentes para trascenderlo. Nosotros en cambio vemos esta rueda como una noria en un parque de atracciones.

Ni a nuestra propia naturaleza la dejamos por un momento descansar, hasta el punto en que cuando estamos alejados de cualquiera de los dos extremos tendemos a dormirnos o a morirnos de aburrimiento; para evitarlo sólo nos quedan los estimulantes. La rueda es la misma, aunque mucho más adocenada. Si pudiéramos estar más despiertos cuando nuestra naturaleza duerme, en la misma medida necesitaríamos forzar menos los extremos. La apariencia de vigilia en los extremos mueve el sueño eterno de la rueda.

La misma historia de Occidente en los últimos cuatro o cinco siglos es el mejor ejemplo de una polaridad desenvuelta a lo largo del tiempo. Si lo civilizado actual estimula la búsqueda del placer y anatemiza la violencia mientras la hace objeto de ejercicio calculado, el cristianismo en la época de las guerras de religión, atizando el odio de manera general y condenando en grados distintivos carne y mundo, hizo prácticamente lo contrario. Nunca antes ni después se identificó el espíritu de forma tan desnuda con la pura violencia. Como unos pocos han reconocido, la salida de ese atolladero de ánimos arrojadizos e indirimibles disputas teológicas fue la metafísica racionalista y el comienzo de la ciencia moderna: ciencia y método emergieron de la necesidad de un ámbito neutral. El subsiguiente desarrollo de otros ámbitos, como la economía y la tecnología, sólo amplió la difusión de la primera neutralización a todas las esferas de la vida; y por fuerza las ya exhaustas ciencias humanas han tenido que seguir excavando en el mismo macizo de masas neutralizadas. El paso literal de las disputas sobre la búsqueda de la gracia a la resuelta explotación de lo gratis, la "naturaleza virgen" que engloba al resto de colonias, se perpetúa todavía hoy en todas las instancias, allí donde el espacio interno de cualquier evolución se estrecha y comienza a producir apreturas. Con esta abrupta transición se supone o al menos se confía en que podemos pasar de los problemas domésticos de la naturaleza humana a la disponibilidad menos problemática de la naturaleza en general, nuestro casi inagotable fondo de reservas; empero la brecha irreversible que se abre entre ambos tipos de naturaleza sólo evidencia lo violento y traumático de su origen.

Así, el aparente exorcismo de la sombra en el hombre moderno por los maestros de tibieza coincide con su incontenible expansión posterior en todos los frentes; ambos forman parte de un solo y mismo proceso. De hecho, lo que entendemos por "moderno" es justamente este proceso de neutralizaciones sucesivas que se resiste en sí mismo a ser neutralizado.

Que a toda la sofisticación de la ciencia moderna se le escurra entre las manos el simple y ambiguo fenómeno de la polaridad, en torno al cual todas las otras culturas han concebido la entera naturaleza, humana o no humana, tendría que parecernos algo extraordinario. La única explicación posible de esto es que la ciencia ha procurado erradicar la ambigüedad en su descripción de la naturaleza observable; pero sería excesivo creer que haya tenido un éxito real, cuando del lado de la naturaleza humana han continuado las cosas como siempre, e incluso mucho más mezcladas. En realidad, lo que se ha hecho es explotar esta ambigüedad y diluirla en su descripción del movimiento, pues el movimiento es su disolvente universal. Y lo que se ha diluido aquí es el más genérico e inmaterial de todos los vínculos, la orientación, sin el cual tampoco lo material tendría lugar. Bien poco queda por neutralizar si prescindimos de ese vínculo.

*****

Hemos intentado vislumbrar algunos de los espacios nuevos que se abren desde la perspectiva de la orientación, aunque lo que pueda salir de aquí quede de momento bajo el signo de la incógnita. Nuestra aproximación es, si se quiere, demasiado general y abstracta, aunque creemos que dentro de la circunstancia actual sería muy difícil hacer las cosas de otra manera. En realidad, el tema en su conjunto parece apuntar hacia las instancias más concretas, aquellas que los principios de sustitución más abstractos no han podido digerir; pero todo esto no deja de plantear múltiples problemas técnicos de cuya resolución apenas sabemos nada. Pero, al menos, el enfoque de tales problemas coincidiría con un enfoque mucho más vivo y preciso de la realidad, que apela en todo momento a nuestra intuición. Si hemos tenido que repasar algunas de las innumerables y metódicas omisiones en las descripciones de la ciencia moderna, no ha sido, ciertamente, con ánimo de desvalorizarla; muy por el contrario, creemos que, si no las tenemos presentes, bien poco es lo que el tema puede ofrecer al pensamiento, y todo queda reducido a una constelación de problemas técnicos al servicio de la maquinaria de la predicción, aplicación y justificación. Por otra parte, la gradación de estas omisiones nos permite ver con toda certeza que no existe nada parecido a una realidad física existiendo en un solo y mismo plano, un prejuicio ontológico no menos gratuito que otros, sino grados muy diferentes de realidad que, antes que del grado de precisión cuantitativa de las distintas teorías, dependen de la trama y urdimbre de sus descripciones.

Lo que más contribuye a darle a la época moderna su carácter alocado y aun incalificable es el intento, ya sea perverso o simplemente desesperado, de acoplar dos clases de maquinaria completamente diferentes: las máquinas externas al servicio de una utilidad, y nuestra maquinaria anímica y mental, la rueda causal de los afectos con la que cualquier hombre y cultura están familiarizados. Mientras la maquinaria técnica parece prometernos una ampliación de nuestra autonomía, e incluso una superación vicaria de la muerte por cosas muertas, aunque de funcionalidad virtualmente ilimitada, nuestra polarizada maquinaria interna tiende a desgastarse y morir —es neutralizada— por la práctica de forzar los extremos: la propia identificación con los extremos es su muerte, en la medida en que tiende a la otra especie de maquinización bajo el efecto de fuerzas centrífugas. A este respecto, es característico el que, cada vez más, se tienda a buscar los extremos como forma de sentirse vivo, por más que la neutralización sea precisamente el no tener acceso al centro. Esos extremos operan cada vez en planos más sutiles y es más difícil identificarlos como tales; también así la destrucción es más sutil. La medicina actual querría ofrecer al individuo una prolongación de la vida de cientos de años, partiendo de la idea de que somos una maquinaria con un deterioro accidental; una máquina perfecta no tendría problemas para reciclarse indefinidamente. Entretanto nada se sabe de cómo se deteriora, envejece o refina la experiencia. Sin necesidad de entrar en ello, comprobamos tan sólo cómo nuestra idea de trascender el tiempo y la muerte se apoya cada vez más en lo muerto y controlable por definición, alejándose así de cualquier autonomía. La cultura moderna explota de una manera implacable esta superposición: el brillo mágico de las máquinas se deriva de aquello que ya no puede morir, y, por otra parte, el miedo a la muerte se basa en la pobre comprensión de nuestro mecanismo interno, que tendemos a confundir con una versión defectuosa del primero —al que sin embargo le ofrecemos nuestra sangre y nuestro espíritu. Esta superposición no es un mero malentendido, sino la rueda inexorable de complementación de las carencias en lo que percibimos como vida y muerte. Forma parte de nuestra más general experiencia que cuanto más separamos la vida de la muerte, con más energía y violencia tienden ambas a reaccionar. Pero algo en nosotros está más acá de la vida y la muerte, o de otro modo tampoco se movería esta rueda. A este algo le debe todo su valor.

La rueda de la maquinaria física y la de la naturaleza se diferencian entre sí tanto como puedan hacerlo un reloj de un torbellino; el primero escancia intervalos de tiempo huecos, el segundo une y separa lo denso de lo ligero y lo sutil de lo espeso sin término. No otra es la ocupación de la heterogénea rueda de la naturaleza, y si lo sabemos es porque el mismo entendimiento ni por un momento deja de hacer otra cosa. Pero está fuera de cuestión que ambos géneros de mecanismo no son en absoluto incompatibles, y muy por el contrario hemos buscado ahondar en su relación desde los supuestos que nos parecen necesarios. Para diferenciar el mecanismo "puro" de la fisiología, apela frecuentemente la ciencia al concepto de irreversibilidad. Sin duda es ésta una piedra de toque capital; pero la idea de irreversibilidad termodinámica ha surgido como mero subproducto o desperdicio del desempeño de las máquinas; contemplar la irreversibilidad desde el punto de vista de la orientación debería darnos una perspectiva completamente distinta. Más allá de los estrechos horizontes de la medicina actual, observamos que cualquier función fisiológica, como la respiración o la circulación, tiende a reproducir en su interior el balance externo con el medio, de manera que también todo lo que se libera al exterior deja su correspondiente huella interna aun por el mero hecho de ser expulsado; en vano buscaríamos en nuestras todavía toscas máquinas ejemplos similares de esta imprescindible y entrelazada doble simetría, este principio de reciprocidad aun enteramente por estudiar. Seguir el hilo de esta reciprocidad tendría que iluminar esos aspectos de la salud y la enfermedad que siempre escaparán a las formas más abstractas de nuestro mal llamado mecanicismo; aunque por lo demás, también un torbellino respira y tiene precesión. Puesto que las descripciones físicas son sumamente abstractas, están llenas de lagunas y rehuyen la noción de contacto desde sus inicios, a medida que la técnica va enfocando detalles más precisos en el comportamiento de átomos y moléculas más patentes se van haciendo estos problemas, bien que velados por múltiples capas de complejidad. No se trata sólo de que haya "mucho espacio al fondo" por definir, sino también en medio, y bastante más cerca de nosotros. Sin haberlo pretendido en ningún momento, los esfuerzos de las micro y nano-tecnologías —y en general toda la química en sus aspectos más concretos, tan deficientemente explicados— tienden a abrazar el círculo del mecanicismo cartesiano, que en sí mismo y en tanto que simple física poco tiene que ver con el dualismo que más tarde se generalizó, por una de esas ironías habituales en cada "superación conceptual", precisamente a través de la física. Finalmente las descripciones infinitesimales o locales tienen que revelarse tan elusivas como la de los objetos a gran escala; difícilmente puede ser de otro modo cuando la parte inextensa de esas descripciones vuelve para reclamar su contribución en los fenómenos observados. Pero la rueda de la naturaleza es una rueda de ruedas, lo que justamente suscita la cuestión de su acoplamiento. Puesto que la física partió de los planteamientos más simples posibles, pero éstos pierden relevancia continuamente ante la acumulación de la complejidad, no es en absoluto imposible que la asunción de otros principios que partan de la articulación de la pluralidad, y que conduzcan desde los aspectos globales a su conjunción en entornos más puntuales, procure una simplificación esencial —una simplificación en la esfera de la complejidad. En el extremo opuesto, incluso la física fundamental se ve obligada a asumir un vacío con grados y estructura interna tan sólo para que le salgan las cuentas; pero este vacío no es sino el fondo del cajón en el que se acumulan todos los aspectos sucesivamente ignorados y desalojados por la teoría. Así, sus nociones al respecto tienen que resultar forzosamente exóticas, y no hay ni que decir que en tal estado son irrecuperables para cualquier intuición o entendimiento.

La inercia implica simultáneamente resistencia y falta de resistencia; sin ella, una fuerza cualquiera carece de punto de aplicación. Fuerza e inercia, o su cantidad en forma de masa, son la expresión cuantitativa que en física adquieren las nociones de lleno y vacío en el doble sentido de cualquier relación puramente recíproca: la fuerza es lo vacío, en la medida en que expresa una relación espacial, y es lo lleno en la medida en que determina una dirección al movimiento; la masa o cantidad de inercia es lo lleno de ese vacío, pero a su vez carece de expresión espacial, siendo un vacío en el dominio de la extensión. Pero a pesar de que la física es un lenguaje indiscutiblemente objetivo, no deja de ser curioso que el yo que piensa e imagina se identifique por completo con la noción de fuerza, y perciba la inercia como límite o negación. Nada en la física demanda esta interpretación, si bien todas nuestras descripciones físicas han salido de un yo con esta orientación en particular. Cuando damos un golpe con el brazo o con una herramienta, en ningún momento sentimos claramente definida la oposición de inercia y fuerza, salvo cuando esa herramienta demuestra escapar al control de nuestra momentánea intención. A menudo, saber cuando un esfuerzo de largo aliento en el que participamos está dominado por la inercia o por la actividad genuina es algo que pone a prueba lo mejor de nuestro juicio. Sería por lo tanto mucho más natural, y desde luego más equilibrado, considerar el sentido del yo como la zona de contacto de este par de opuestos, por más que esta zona de contacto sea tan escurridiza y difícil de precisar como el propio punto orientado; lo único que se opone a ello es una descripción unilateral y nuestra proyección e identificación con ella. Pensar en la inercia como falta de orientación, o como una orientación congelada en un entorno cambiante, no es menos extraño que pensar en unas fuerzas fundamentales que se distinguen justamente por su independencia de la dirección, y en realidad ambos aspectos parecen ser las dos caras de lo mismo; pero en conjunto no tiene sentido considerar la inercia como algo meramente negativo, en la misma medida en que tampoco una fuerza admite una representación completa. Una descripción realmente completa de un mecanismo cualquiera no entrañaría menos dificultades que el intento de localizar el yo, y si nos parece lo contrario es sólo por los sucesivos aspectos descartados. Al menos para empezar, el problema no es tanto la complejidad como el poder acceder a una visión más redondeada. El miedo a la muerte no es otra cosa que la identificación del yo con la fuerza.

La orientación es, en el más material de los sentidos, la primera y más fundamental de las "lógicas simbólicas"; puesto que sin ella la propia materia no tendría esa sorprendente capacidad de adaptación y esa sensibilidad a las condiciones que los estudios más detallados demuestran de forma siempre creciente. Pero resulta, además, que la orientación también fue y es la primera de las lógicas para eso que llamamos intelecto desprendido o espíritu. Describirlo todo en términos de movimiento equivale a disolverlo; pero ya hemos visto que la física deja siempre una cara en la oscuridad en forma de masa e inercia. Es decir, describirlo todo en términos de espacio y movimiento siempre ha sido imposible. Por otro lado, la huidiza dinámica de un punto orientado nos está recordando algo sumamente elemental que tendemos a olvidar mediante el artificio de los sistemas de referencia, a saber, que no podemos agarrar el espacio, que el espacio es lo inaprensible por naturaleza. En este sentido, la idea de vacío no puede ser menos exótica, aunque no por ello se aviene mejor a los manejos de nuestra razón. Pero si nunca vamos a ser capaces de comprender nada sólo por el movimiento, cabe preguntarse hacia qué apunta la dinámica de un punto orientado, dado que movimiento y orientación son interdependientes y por tanto insustanciales en sí mismos. Ahora bien, no ya por el sujeto, sino en el objeto mismo, la comprensión tiende a lo inextenso y puntual por su propia naturaleza, y siempre lo hace por grados. De manera que la combinación de movimiento y orientación debería apuntar en todo momento a lo que de intemporal tienen los fenómenos. La metafísica clásica entendió básicamente la sustancia como la realidad independiente del movimiento. Pero, naturalmente, esto no apunta sin más hacia lo ultramundano, puesto que el movimiento no basta para producir ninguna las cualidades percibidas por los sentidos; como tampoco se reduce sólo a movimiento el carácter tangible de los objetos físicos, nuestro sentido más primario de la realidad. En la medida en que se sustraen al movimiento, las cualidades sensoriales que percibimos ordinariamente son más concentradamente intemporales que toda la reversible y por lo mismo "hueca" intemporalidad de la mecánica —pues para comprender en qué se basa el gran misterio de la reversibilidad, habría que saber de qué se vacían los procesos reversibles o aislados. Sin embargo, la sustancia también fue entendida como el sujeto por excelencia de las transformaciones, esto es, de las modificaciones aparentemente inextensas; sólo que ahora es el propio movimiento el que nos permite adentrarnos en este dominio. Digamos que la memoria, también asociada a la inercia, ha de descansar antes sobre esa momentánea separación de la porción menos temporal que sobre un más que dudoso almacenamiento del pasado —del mismo modo que ha de ocurrir con la propia sedimentación de la experiencia. Nada poseemos tan a fondo, y nada parece más difícil de perder, puesto que justo en este umbral estaríamos trasponiendo el movimiento, las direcciones y las coordenadas. Por fuerza nos ha de resultar extraño pensar en el espacio y el tiempo en torno a un cuerpo como un torbellino generado por un punto vacío, salvo cuando recordamos que, flotando en el centro de la brújula, nosotros mismos somos ese vacío y ese torbellino.

¿Qué hay en la línea de sombra? ¿En la franja entre luz y oscuridad? Los juegos de blanco sobre negro y al revés pronto nos aburren; hace mucho tiempo, parece, que superamos la edad de aquellos dualismos tan simples. Así que, ¿Qué es lo que queda entre la luz y la oscuridad, en ese borde o frontera? El instruido hombre de ciencia y el profano contestan sin dudar: hay penumbra; grados entre la luz y oscuridad. Una respuesta muy obvia y conveniente. Goethe se hizo la misma pregunta y encontró una respuesta diferente: lo que existe entre luz y oscuridad es todos los colores y el color. Todo lo que vemos o enfocamos está en la propia línea de sombra.

Auténtica rareza en el mundo moderno, la teoría de los colores de Goethe ha fascinado por motivos diversos tanto a pintores como a algunos de los más renombrados físicos de los dos últimos siglos, bien que de forma secreta y marginal. Incluso se ha reconocido, siempre con la boca pequeña, una corrección casi impecable tanto en los detalles de los experimentos como en el dictamen sobre la interpretación general de un fenómeno tan exuberante, tan impalpable e impreciso. Con todo, cualquier concesión a sus argumentos ha sido invariablemente relegada al limbo de las "percepciones subjetivas", que nada tendrían que ver con una "cosa en sí" que los físicos parecen conocer tan bien. En la realidad, se nos dice, los colores son sólo distintas frecuencias de la luz dentro del pequeño segmento del espectro visible. Es fácil dibujar sobre el papel e imaginar la frecuencia y longitud de esas ondas, a las que "se reduce todo el fenómeno". Luego resulta que esas ondas también pueden ser también "corpúsculos" de luz, que oscilan como ondas por inexplicables motivos, y todo, poco a poco, se empieza a complicar. Nos ahorraremos esa fantástica complejidad de los detalles, objeto desesperado de infinitos libros y especulaciones. La agitación de manos, los diagramas y las gesticulaciones crecen exponencialmente y sin freno, todo para recibir finalmente una invitación que ya nos temíamos: aceptemos la Naturaleza tal como ella es. Absurda.

Sorprende escuchar estas palabras, no tanto por el calificativo como porque, justo aquí, al final del camino, los físicos se han atrevido a adjudicárselo a un sujeto que se supone se había dejado de lado desde el principio de esta historia. "La ciencia no tiene nada que ver con la Naturaleza", es una frase famosa de un no menos famoso físico del siglo XX que cualquiera de sus colegas suscribiría. Si finalmente todo desemboca en el absurdo, desde luego que no será la ciencia la culpable.

Tanto en contenido como método, la teoría de los colores de Goethe tiene un valor especial como contraste o negativo de toda la orientación científica moderna. Puesto que esta última aspira a abarcarlo todo, encontrarle un contraste empírico nos resulta cada día más difícil de imaginar. No hace falta, por lo demás, aludir a la amplitud simbólica del tema. La vigente teoría espectral de la luz parte de una idea realmente simple que sólo puede emerger gracias a un delicado ajuste y un recorte sin contemplaciones de la variedad inagotable de las manifestaciones cromáticas. A esa simplificación radical, que coincide y hace posible su tratamiento matemático, debe su aceptación y popularidad; pero después de esa simplificación inicial, que el poeta consideraba rayana en el fraude, las cosas no dejan de complicarse siempre más y más. Esto llega a interpretarse incluso como un tributo a la riqueza de la teoría. Los experimentos de Goethe con el color, por el contrario, parten de la superabundancia sin poda de nuestro mundo de percepciones, y consiguen arribar sin violencia alguna a conclusiones de extremada simplicidad. Y si bien prescinde por completo de los aspectos cuantitativos, matemáticos, eso mismo le permite un logro mucho más inusual en nuestros tiempos: conseguir que los fenómenos se expliquen por sí mismos, sin necesidad de ninguna "teoría", sin necesidad de mundos y objetos paralelos.

La ciencia moderna y la física en particular no sabrían vivir sin esos mundos matemáticos paralelos, y, por lo mismo, tampoco han sabido nunca qué hacer con que semejante "esbozo de una teoría de los colores". Puesto que no conduce a predicciones cuantificables, capital e interés de esta disciplina, bien se puede no encontrarla "ni tan siquiera equivocada". Tampoco las llamadas ciencias cognitivas, que podrían aspirar a adentrarse en el dominio subjetivo sin prejuicios cuantitativos ni andaderas, parecen haber obtenido aquí nada de provecho. Ni la fenomenología, a la que estos estudios aventajan en más de un siglo con el añadido de unos métodos externos y plenamente repetibles, ha recibido de este ejercicio modélico una inspiración particular. Y es que, no tratándose aquí de fenómenos "objetivos" ni "subjetivos", en el sentido en que tales palabras se entienden merced al presente reparto de poderes, todavía estamos por encontrar su lugar.

Y en ningún lugar están en efecto los colores, sobre todo en la telaraña científica moderna, cuyos tejedores disfrutan todavía con el goce infantil de su inversión: "Los colores que creéis ver y por los que os sentís abrumados e inundados —no existen, en realidad. En realidad, lo que existe es..." Pero ya la explicación no acaba nunca, por que nadie podría entenderla y los que la han creado tampoco. Entre otras cosas, no era esa su prioridad. Y sin embargo, el profano tiende a aceptar dócilmente la píldora de la instrucción, siquiera para poder compartir alguna modesta porción de ese goce infantil que se imagina haber rasgado el velo de las apariencias. Un goce casi irresistible.

Aceptando esa instrucción sobre lo que en realidad percibimos y su naturaleza última, aceptando ese arte de la sustitución, también aceptamos ser instruidos sobre nosotros y nuestra más íntima naturaleza por mentes que no sólo no se han preocupado por ella, sino que han realizado esfuerzos casi heroicos por ignorarla y eliminarla. Aceptando esa instrucción y su arte de la sustitución estamos ya plenamente preparados para una serie infinita de sustituciones. E infinidad de cosas que tememos que nos roben son menos nuestras que el lugar en el que percibimos los colores.

Uno de los rasgos que más han alejado a la ciencia de la teoría de Goethe es el papel activo, o en cualquier caso no enteramente pasivo, que juegan aquí las sombras, la ausencia de luz. Ausencia aparente, desde luego —luz y sombra se hallan en polaridad. Para la física esto no tiene el menor sentido, aunque sí, desde luego, para el ojo. Con todo, esto no es suficiente para despacharla sin más como una teoría subjetiva o fisiológica; la relación de luz y oscuridad es aquí completamente ingenua y sin artificios. Si queremos continuar el contraste, también es obvio que la "teoría física fundamental" de la luz está escindida en dos partes completamente diferentes, sólo que en este caso no se dejan empalmar sin dolorosas contorsiones. Hay, en efecto, una luz a la que se le supone una propagación lineal en espacio y tiempo, y hay "partículas" de materia que reciben su influjo, llamadas por convención electrones. De la luz que se propaga ideal e inafectada, por definición no podemos saber nada; y son por el contrario las perturbaciones que acusa la materia las únicas que nos permiten inferir algo sobre ella, toda vez que ya ha sido "absorbida". En este sentido, también la teoría física de la luz sería una teoría "fisiológica" de receptores, con la decisiva diferencia de que aquí número y medida han llegado a un gran detalle, y las absorciones de la luz por la materia, en la medida en que se trata de eventos simples, también arrojan series de números predecibles. Pero sólo en parte, pues las absorciones mismas sólo admiten estadísticas.

La presente teoría de la luz y la materia también tiene su propia forma de insondable y oscura actividad: el vacío mismo, al que técnicamente se conoce como "vacío polarizado". Poco o nada parece tener que ver esta polarización del vacío con la polaridad de la idea goetheana sobre los colores; por el contrario, se trata de un postulado que surge por necesidades internas de la teoría —hablando claramente, para sostener los cálculos. En este caso, se trata de que lo que sostiene la polaridad electromagnética de la materia, las cargas, tengan asegurada una suerte de estabilidad. Si algún paralelismo pudiera darse entre ambas formas de descripción, inmediatamente se revela el sinsentido debido a la total disimilitud de objetivos y métodos. Es demasiado evidente que el esbozo teórico de Goethe y la descripción moderna de la luz tienen un grado de contacto prácticamente nulo. Y es esa misma falta de contacto lo que hace todavía más interesantes a ambas concepciones, si somos capaces de asumir la corrección de cada una en su género.

Todavía más, el poeta sostiene que su explicación del color es la más general, reduciéndose las observaciones de Newton a casos particulares, derivados. ¿Y por ventura no busca la ciencia la máxima generalidad? Pero la reivindicación de Goethe resulta de una evidencia innegable. Basta con seguir los experimentos para concluir que el tan deseado espectro sólo se consigue con ajustes especiales de distancias, ángulos e instrumentos. Y esto poco tiene que ver con aspectos "subjetivos" de la percepción, sino con el orden puramente objetivo de las operaciones y manipulaciones de los instrumentos. Lo que finalmente se logra producir y precipitar con tantas manipulaciones, es lo que se hace pasar por lo primero y lo real, sin prestar la menor consideración formal a todo lo que se ha manipulado y eliminado. Quien quiera formarse un juicio independiente de los procedimientos y conclusiones de la física en la era experimental, no necesita un acelerador de partículas en su garaje. Le basta con atender a este caso célebre que cualquiera puede reproducir con una buena dosis de paciencia. Tampoco necesita prestar la menor atención esa cortina de humo que nos dice que la teoría moderna de la luz ha superado por completo a la teoría newtoniana. Muy al contrario, para lo que ahora nos importa, porque la teoría moderna no ha hecho sino elevar paso a paso los grados de abstracción y sofisticación matemática, con toda la eliminación que eso indefectiblemente conlleva. Las sustituciones que ahora aceptamos son todavía mucho más extrañas, y bien poca ha sido la voz que "la Naturaleza" ha tenido en ellas.

Fue máxima de Goethe "abstraer a partir de la totalidad". Esto, que nadie juzgará indeseable, se revela impracticable para el tipo de ciencia al que nos hemos resignado. La única totalidad que ahora somos capaces de asumir es la de las entidades matemáticas, con sus diversas constelaciones, que atienden ahora al nombre de sistemas. Pero también aquí se dan malentendidos, pues también aquí asumimos con demasiada facilidad que el mundo matemático delinea sombras puras y perfectamente definidas de las ideas, dibujadas sobre un papel blanquísimo —cuando siempre quedan abiertas potencialmente tantas zonas de penumbra como en la realidad. Queda mucho espacio, tanto al fondo como en los límites, que siempre cabe redefinir.

A la eterna pregunta de porqué el cielo es azul, respondió Platón con el mismo espíritu de Goethe aunque difícilmente con la misma intelección. Un raro valedor entre los muertos, el gran precursor, tras Pitágoras, de ese mundo paralelo de entelequias matemáticas. Aunque nadie de nuestro tiempo pondría la mano en el fuego asegurando saber qué era lo que Platón quería aludir con la palabra idea. Que ha habido una larga evolución del término, ya lo sabemos; la cuestión sería saber si también ha sido posible la inversión. En cualquier caso, podemos presumir que para Platón las matemáticas eran mera sombra de las ideas, mientras que para nosotros las ideas han llegado ser sombras de entidades matemáticas; y esto, con bastante independencia de que uno se considere nominalista o realista. A la percepción directa la han sustituido los "patrones" matemáticos, incluso cuando estamos estudiando, o analizando, nuestra propia percepción directa —como rutinariamente sucede en las ciencias cognitivas, por ejemplo. Si así surgen nuevas ideas, tendrá que ser por la amable mediación que nos hacen las sombras. Pero en todo caso parece innecesaria la sutileza en las interpretaciones, y todo nuestro ser nos dice que estamos mirando hacia abajo y de espaldas al Sol. ¿Por qué tendría uno que ignorarlo?

Para el matemático puro no hay este problema, pero cuando el matemático aplicado o el físico intentan delinear sus figuras, o cuando el profano se esfuerza en entenderlas, nunca llegamos a saber si la fascinación existe por esas figuras que prometen ser nítidas o por ese fondo tan blanco. En cuanto al plano en el que nos movemos, también es harto difícil saber si vamos hacia arriba o hacia abajo. Para decidir al respecto a menudo sólo nos queda el instinto.

La caverna platónica es tan propicia a la inversión como el interior del globo del ojo; pero estas inversiones nunca son evidentes, por más que nos aseguren lo contrario. No es cosa tan trivial reflejar el mundo, por el solo hecho de que hayamos aprendido a hacer algunos trucos con espejos. Casi lo primero que nos recuerda Goethe, por si fuera necesario, es que el ojo ni siquiera percibe formas, que son ya una construcción del intelecto mediante una experiencia destilada por otros sentidos, como el tacto. Ver esto es ver, y uno nunca llega a acostumbrarse a ello —cada vez que miramos al mundo y lo recordamos, volvemos a acordarnos de nosotros mismos. En cambio la ciencia moderna, la misma que niega cualquier aspecto sustancial en los colores, mantiene una fe siempre renovada en los objetos y cuerpos sólidos y en las formas sustanciales, tentando y tanteando a su manera dentro de su propia caverna. Esto es ciertamente proyección; pero sólo en su extremo más acabado se la puede considerar inconsciente. Lo contrario es más cierto, y un definido esfuerzo y la misma conciencia que asomaba han acabado ocultándose allí, donde las formas parecen perfilarse. Es tan fácil suponerlo en el desarrollo del niño como en el propio desarrollo científico, ese otro niño más ofuscado y más grande. La ciencia moderna, en efecto, comienza distinguiendo entre cualidades primarias y mensurables —las formas de los objetos y sus movimientos— y cualidades secundarias como los colores, que o bien habrá que reducir a las primeras o habrá que relegar al olvido. Este es casi el único motivo de su programa que llegó a cumplirse puntualmente.

Algunos incluso han creído ver un dualismo en esta visión de los colores, cuando se trata de una sorprendente indicación para salir de él. Indicación para otros, puesto que ella ya ha superado ese estadio en su plano. El "juego de luz y sombras" sólo son extremos conceptuales, y lo único que hay en verdad es el color. Cualquier polaridad es siempre interna; el dualismo existe cuando creemos en la realidad externa de esos extremos que recurrentemente se insinúan, y ese parece haber sido el caso de la física, que efectivamente sí cree en una luz externa a la materia, y para apuntalarlo ha creado sus terriblemente elaboradas teorías de campos.

La experiencia más atenta y sin artificios de interpretación nos muestra los colores como penumbras. Partiendo de ella, la conclusión de que los colores simplemente están contenidos en la claridad de la luz blanca nunca dejará de ser escandalosa. Habría entonces que preguntarse qué clase de beneficio esperamos que compense la negación de la experiencia directa. La formación casual de un espectro en un vaso de agua ya había sido observada por distintos investigadores en siglos y lugares diferentes. Pero, por añadidura, la ciencia que ahora nos es familiar se ha propuesto como su ideal suprimir todo aquello que produzca sombras para instaurar el diáfano reino de la luz. Planteado así, e independientemente de las buenas intenciones, no tiene nada de sorprendente que esas sombras se hayan ido precipitando dentro, en vez de esperar a que se les presente batalla en las lejanas fronteras del conocimiento. La ciencia alienta el dualismo en el sentido de que nos obliga a confrontar objetos, pero a parte de eso, procura mantenernos alejados de su propio dualismo interno, que no puede dejar de recorrer todas sus escalas.

Polaridad y dualismo podrían ser nociones al menos compatibles si no fuera porque el mismo concepto de dualismo lo excluye. Es decir, cualquier dualidad nos exige escoger entre una cosa u otra, mientras que la polaridad comporta ya la inclusión de ambas, esto es, la ambigüedad. La ciencia no excluye una infinidad de situaciones ambiguas, pero, puesto que la ambigüedad se opone a la configuración de su objeto, queda excluida como objeto de la ciencia. Todo esto emerge luego en forma de dicotomías y dualidades, de las que bien sabemos que el intelecto no escapa. El entendimiento científico tampoco, y así oscilamos siempre entre pares de conceptos como finito e infinito, local y global, constante y variable, continuo y discontinuo, verdadero y falso. Esto ya no alarma ni molesta a nadie; antes bien, parece garantizarnos una fiesta perpetua de la inteligencia con estilizadas formas de fuga. Probablemente, esperamos, se trata sólo el exquisito aderezo para un alimento verdaderamente sustancioso y sólido. Lo que ya no se estaría tan dispuesto a tolerar es que también el alimento estuviera hecho de la misma sustancia evanescente. Se nos dice además que los conceptos, esas sombras de las ideas proyectadas sobre el papel, son sólo subjetivos, y que lo que importa son los datos cuantificables y las predicciones.

El más notable de los dualismos de la física moderna es el que existe entre masas inertes y fuerzas que generan los movimientos que somos capaces de medir. El resto de las propiedades de los cuerpos tratan de remitirse a esta partición fundacional, por más que haya atributos que no encajen muy bien en ella, como la carga eléctrica, por ejemplo. Sólo la fuerza de la costumbre y la instrucción nos impide ver lo extraño de esta partición, que ya consideramos natural. Pero todavía hoy los físicos teóricos tienen problemas insuperables para explicar cómo las partículas que se han llegado a aislar como reductos últimos de la materia tienen las masas que tienen. Y esto no es casual, porque, a diferencia de las fuerzas que pueden expresarse con todo un arsenal de recursos de la geometría y el análisis, la masa es una propiedad tan inextensa como los colores: es irreducible a cualquier dimensión y expresión espacial. Es una verdadera caja negra, y cualquiera puede preguntarse por qué motivos hemos llegado a asumirla como un concepto natural. No hace falta ir a la busca de agujeros negros cuando tenemos muy cerca abismos tan oscuros.

Si acaso es posible, resulta sumamente improbable unir esferas diversas sin que esto conlleve una pareja separación, sea esta reconocida o ignorada. Los tres principios de la mecánica clásica de Newton parecen responder a este segundo caso. Poseen una curiosa estructura que regula de antemano todos los contenidos que serán investigados. Puesto que parecen intuitivos, pero no lo son, seguirán arrojando sombras sobre nuestras cabezas incluso cuando los contenidos hayan desbordado ampliamente su ámbito de pertinencia, como es el caso de la física moderna, caracterizada popularmente por sus aspectos "contra-intuitivos". El primero de los principios, aceptados con rango de ley, define la inercia; el segundo, la fuerza a través de la masa y la aceleración; el tercero, la reacción ante una acción, o dicho de otro modo, el efecto del segundo principio sobre el primero, expresado en términos del segundo —la inercia en forma de reacción, o la reacción en forma de inercia.

Así, la masa se expresa como el término recíproco de la fuerza, y viceversa. El término que media, la aceleración, es una medida del movimiento en el espacio. El triángulo adopta la forma de un círculo virtuoso. Si despejamos el término "masa" en la ecuación que define la fuerza, nos encontramos con que la masa es igual a la fuerza partida por la aceleración, un excelente ejemplo de cómo las transformaciones algebraicas más elementales pueden carecer de cualquier significado físico concebible. En medio del triángulo se encuentra alojado e incluido un "cuarto principio" implícito: el tiempo absoluto. Pero para que éste sea posible, se necesita una pequeña ayuda, también implícita, en la tercera ley, a saber, que no haya intervalos de tiempo entre acciones y reacciones, que éstas sucedan de manera simultánea. Aunque todo el mundo sabe que las interacciones materiales a cualquier nivel requieren tiempo, esto se procura ignorar para mantener el carácter ideal de las tres leyes con su cuarto principio incluido, que funciona como una especie de reloj o sincronizador universal. Esto significa adicionalmente que el tiempo local no importa o es en todo caso despreciable. Así, se logra evacuar y subsumir las complicaciones de los casos concretos a una ley de carácter general, que será la que determine y sancione la contabilidad final. Puesto que el "cuarto principio" es completamente inmaterial y no se refiere a nada en particular, mantiene esencialmente su vigencia o cuando menos su cobertura sobre todas las teorías modernas que nos resultan tan contrarias a la intuición.

La tercera ley de acción-reacción tiene una ambigüedad con respecto al tiempo; la segunda ley que define la fuerza, una reciprocidad de términos que sólo se perfila a través de la tercera y la primera ley; esta última, que circunscribe los atributos de la inercia, también es necesariamente ambigua, puesto que la inercia es definible tanto por el reposo como el movimiento constante. Por tanto la inercia no admite en este marco una definición unívoca, pudiendo ser alternativa o simultáneamente reacción y origen de fuerzas inerciales, como las centrífugas y de rotación, distinguibles de la inercia de traslación. La inercia llega a definirse formalmente, pero no a explicarse de modo satisfactorio, ya sea a nivel local o global, y a pesar de los diversos intentos. Lo que a su vez se relaciona con la falta de explicación para las masas: se llega a suponer la identidad entre masa gravitatoria e inercial, sin que exista la más tenue razón interna para ello.

A la vista de esta situación, no es difícil concluir que los más simples principios de la mecánica, su estructura elemental, más que esconder un dualismo, lo promueve y expande en todos los dominios. De otro modo no entenderíamos lo que todos entendemos por un universo mecánico: masas inertes y dispersas moviéndose al azar sin otro orden que el impuesto por las fuerzas elementales. Pero esto es como hablar de una luz prístina junto a unas sombras cimerias, puesto que la expresión matemática del movimiento y las fuerzas es casi transparente, mientras que la noción de masa y de inercia es casi enteramente inexpresable, salvo por una convención mínima. Puesto que apenas sabemos nada de la razón de ser de las masas y la inercia, que parecen llenar de contenido la noción misma de la mecánica, se llega a la más simple de las conclusiones: lo único que asoma a nuestro entendimiento cuando hablamos de mecánica es su dualismo. Más allá de eso, el concepto "mecánico" no significa prácticamente nada para nosotros.

Pero lo que es casi nada para el entendimiento puede ser todo un infinito para la razón. Si hablamos del entendimiento como sinónimo de intuición directa o inmediata, y de la razón como sinónimo de la manipulación y la mediación de símbolos, no es difícil ver cómo la pobreza del primero se convierte en riqueza de posibilidades para el segundo. Esto resulta claro en nuestros días, y ahora es un lugar común admitir que los principios de la mecánica no son axiomas o verdades evidentes, sino hipótesis. No es nada obvio que un cuerpo siga moviéndose perpetuamente en el vacío, entre otras cosas, porque nada de obvio hay en el vacío. Pero como todos los contenidos se han ido generando desde hipótesis tales, desde el seno de la teoría sería tan difícil explicarlas como prescindir de ellas. El hecho de partir de verdades no evidentes no es ciertamente un buen comienzo; el hecho de que durante mucho tiempo se hayan considerado tales, es todavía bastante peor, puesto que la rueca de las deducciones empieza a girar confiadamente y sin miedo de las consecuencias. Para cuando algunas mentes intuitivas repararon en el carácter hipotético de los principios, las cosas habían ya rodado demasiado lejos, y nadie se hacía la ilusión de poder pararlas. Poco después, las verdades que contradecían de la forma más directa a la intuición se habían convertido en piruetas intelectuales envidiables y eran abiertamente celebradas —las posibilidades de la razón se ensanchaban ya sin límites.

La elección de principios de Newton fue sabia. Como toda creación humana, es incapaz de erradicar la ambigüedad, pero la reconduce por cauces distintos, hacia el ámbito de la medida. La ambigüedad se instala ahora en el contenido mismo de lo que se puede medir, remitiéndonos a un juego vertiginoso; sin embargo ese juego engendra medidas, que pueden hacerse más y más precisas, y así podemos ilusionarnos con conjurar la ambigüedad. Los estudiosos de la lógica y los signos encontraron hace mucho idénticas estructuras aplicadas a órdenes distintos, y al orden de la manipulación del símbolo en general: giran como las Tres Madres del *Fausto*, en ese curioso espacio donde "no hay encima ni debajo". El Samkhya hindú descubrió hace miles de años una "estructura" similar en las modalidades de la naturaleza y la experiencia, también con un cuarto principio incluido enteramente análogo. En su caso, en vez de un tiempo absoluto, el sincronizador universal, lo que hay detrás es *Purusha*, la conciencia sin atributos, el que ve o "la persona" —algo sumamente cercano al intelecto, y a la vez completamente distinto. Samkhya significa "medida", pero lo que aquí la rueda destila no son medidas cuantitativas externas, sino la cualidad de la experiencia directa. Incluso tienen colores característicos, las modalidades y su mezcla. Entonces, podemos preguntarnos, ¿A qué responde aquí el término "medida"? Las tres leyes de Newton generan una infinidad de medidas, siendo en sí mismas ciegas a la distancia respectiva entre ellas. A eso justamente alude el término "medida" de la filosofía india, a esa distancia interna a la experiencia. Claro que en un orden y un plano diferentes al mundo de la mecánica y sus matemáticas paralelas. Se dice que la mente puede medirlo todo sin tener el menor sentido de las distancias. Cuando éstas comienzan a hacerse patentes, el mismo juego pierde su interés y empezamos a echar en falta alguna otra cosa lo bastante distinta y lo bastante parecida.

Percibimos así que el propio mecanismo de la mecánica bien puede llevarnos más y más lejos sin que por ello tenga que ir a ninguna parte. Al contrario, el lugar es uno mientras duren las reglas. Virtualmente, todo podría llegar a explicarse sin llegar a responder a nada de lo que nos interesa; en la práctica, lo que se da es una confusión inintencionada de planos que se convierte en generador del estímulo y el impulso necesarios para que la máquina siga rodando.

A pesar de las infinitas novedades posibles, lo que puede darnos este género de razón se va haciendo, en un sentido definido, más y más previsible; conocemos ya sus flancos, los hemos acariciado muchas veces. A pesar de todo, siempre la compulsión de obrar es mucho más fuerte que la que nos ayuda a entender, y la ciencia moderna no es una excepción a esta relación de fuerzas. Por otro lado seguimos ignorando casi todo del interior de este animal, pero, ¿Cómo podríamos echar una mirada a sus entrañas sin antes sacrificarlo?

Todas las grandes ecuaciones con las que perfilamos el mundo físico —campos gravitatorios, electromagnéticos, dinámica de fluidos— se expresan mediante el principio de variación o mínima acción. Una de las propiedades más notables de este tipo de sistemas es que no admiten una sola explicación en términos causales, sino infinitas explicaciones. Es decir, la dinámica de un planeta y sus satélites podría explicarse de tantas maneras diferentes como quisiéramos, así fuera mediante bandas de goma elásticas, toda vez que permitan operar al principio de variación por extremos. Así, por definición, quedan excluidas las causas unívocas para los sistemas físicos. Con otras palabras, los físicos se preocupan de la consistencia matemática de unos principios de conservación externos al sistema en cuestión, y se despreocupan del resto como si fuera una caja negra. Las causas no quedan excluidas, pero tampoco se pueden definir, y cuando se desciende a un nivel más fino de detalle, lo primero que se intenta es volver a reformularlo y generalizarlo en los mismos términos variacionales —si esto no se consigue, el fenómeno queda degradado a una categoría inferior, la de sistema irreversible. Como este proceder, lejos de ser un defecto de la física moderna, constituye su timbre propio de excelencia, y es el que garantiza un comportamiento predecible y determinista —aunque en muy diversos grados—, bien puede decirse que el físico renuncia solemnemente a explicar las causas materiales. Otra cosa muy distinta es que no pueda dejar de creer en ellas, siempre que no se cometa la falta de gusto y el capricho innecesario de intentar definirlas. Bien puede decirse que esta concepción de los sistemas físicos es una sola cosa con las tres leyes de la mecánica, como matriz de los demás principios de conservación. Cualquier idea de causa material ya sólo puede ser símbolo.

Al físico, acostumbrado a grados elevados de abstracción, todo esto no le ha incomodado lo más mínimo; pero para las ciencias más blandas, como la biología, que pretenden complementar a la física con contenidos concretos, esto debería tener efectos devastadores. La biología y la teoría evolutiva más recientes han querido elevarse a grados más altos de determinismo mediante el concepto de información.

El resto de las disciplinas, y también ramas de la propia física como la cosmología, apelan cada vez más a ideas evolutivas y a nociones asociadas a la información en cuanto tienen problemas. En última instancia, que duda cabe, cualquier conocimiento formalizado se puede reducir a información. Sin embargo la información, para ser operativa, ha de ser emitida, filtrada, manipulada y recibida con respecto a un código unívoco, justamente aquello que queda formalmente excluido de todos los sistemas físicos conocidos, empezando por átomos y moléculas y extendiéndose a todo lo demás. No siendo permitidas las causas unívocas, difícilmente podrán ser unívocos los códigos. De entre todas las metáforas técnicas elegidas para rellenar nuestro vacío de conocimientos —ayer se comparaba a los seres vivos con relojes, hoy con el ordenador—, ninguna podría tener menos competencia y pertinencia a la hora de cumplir ese papel. En la llamada era de la información, quién sabe qué extraño sortilegio nos permite ignorar el enorme esfuerzo logístico y de propósito que supone para nosotros ordenar el flujo de la información, para luego postular "mecanismos de información espontáneos" y auto-generados. La división aristotélica en materia y forma aún tenía la virtud de mostrar conceptos complementarios; pero complementar a los sistemas físicos con la información es de por sí redundante, puesto que nos brinda dos principios formales, y excluye por partida doble una materia que sólo es considerada a modo de relleno. El deseo de conocer queda a remolque de la compulsión a obrar y manipular. Todo esto habla, en el mejor de los casos, de una apelación a otros principios que se nos escapan.

La complejidad de la física intimida, y por otra parte, todos, adeptos y profanos, sospechamos que un lenguaje tan altamente formal necesariamente ha de dejar sueltos casi todos los cabos que determinan los contenidos de nuestra experiencia. Los mismos físicos buscan un complemento evolutivo, bien conscientes de que el tiempo de la física es antes que nada una abstracción. Esto nos lleva a superponer de forma imaginaria dos esferas enteramente paralelas, puesto que en ningún momento se muestra su contacto explícito, ni parece que se pueda mostrar. Bien se ve que esta forma imaginaria de representarse las cosas es ya una formidable expresión de un dualismo a la vez que un estímulo para hacerlo prosperar, y en modo alguno un remedio para mitigar sus males. Pero las representaciones y formalismos de la física, y especialmente su falta de representaciones, han dejado muchas cosas, incluso enteramente elementales, por estudiar. Podemos volver a echar una mirada sobre ellas.

Que materia, espacio y tiempo forman una unidad, no sabríamos decir si es un principio previo a los tres principios de la mecánica clásica o una consecuencia de ellos. Y como en el caso de los tres principios, su evidencia es discutible, siendo el caso que por un lado lo presuponemos, y por el otro lo consideramos un hilo conductor de nuestras investigaciones y de su nivel de consecuencia. Pero lo que reclama este principio, que parece tan elemental, es que estos tres componentes queden reflejados en cualquier modelo y descripción matemática de la realidad. ¿Qué menos podría pedirse? Pero, desde hace mucho tiempo, no es eso lo que ocurre. Desde las leyes clásicas del electromagnetismo, se hace un uso generalizado de ecuaciones en las que la posición y el tiempo son independientes. Esto es inconcebible, y lo que sorprende es cómo con tales procedimientos se pueda llegar a predicciones correctas. Pero la naturaleza es muy generosa, y algunos de sus comportamientos, como las ondas, permiten saltar sobre grandes tramos de la realidad. En cualquier caso, lo que se obtiene ya no puede ser ni una descripción completa ni tener un significado físico intuible, sino que se trata un mero perfil recortado sobre una superficie mucho más vasta. El carácter estadístico de gran parte de la física actual surge de la no observancia de este principio; también la otra parte determinista y clásica lo ha burlado, borrando así la posibilidad de contenidos. Al principio, los físicos no pueden dejar de ser conscientes del salto acometido sobre lo real, pero pronto esto se olvida y se llega a la convicción de que la única realidad que importa, puesto que es la predecible, es la que captan las fórmulas. Nada que merezca la pena se ha dejado atrás, y que hay seguir hacia delante, donde ya se vislumbran nuevos desafíos.

Otro hilo conductor para el entendimiento de las leyes físicas es el llamado "principio de las proporciones físicas", propuesto con variantes por diversos autores. En condiciones ideales, toda ley física debería depender exclusivamente de la razón entre cantidades del mismo tipo —deberían ser homogéneas, del mismo modo que la ley de la palanca de Arquímedes, que depende sólo de dos pesos y dos distancias con respecto a un fulcro. Sabido es que, empezando por la gravedad, ninguna de las leyes que expresan las llamadas fuerzas fundamentales son de condición homogénea, y se requieren "constantes de proporcionalidad", en realidad engendros compuestos de magnitudes diversas. Se dirá que cumplir tales condiciones no es posible para leyes más complejas; pero, entre otras cosas, ignoramos en buena medida hasta qué punto son más complejas, y ello precisamente por el muro de opacidad que ante nosotros levantan esas mismas constantes. Además, el citado principio no pone un límite definido al número de términos ni a su complejidad, sino sólo a la naturaleza interna de su relación. De lo que habla este principio, una vez más, es de las condiciones exigibles a una ley para que pueda considerarse completa, para que no contenga cajas negras. Salta a la vista la relación con lo anterior, si bien las implicaciones de todo esto parecen apuntar muy lejos. A la vez que el rango intuitivo de las leyes, también se hace evidente que estamos definiendo su grado de elegancia, de transparencia, de racionalidad. Las así llamadas tres grandes constantes fundamentales de la física —la gravedad, la velocidad de la luz y el cuanto de acción— son reverenciadas como la quintaesencia del capital acumulado por la disciplina, pero, lejos de aportar luz, sólo han conducido a los más variados y oscuros ejercicios de numerología. Y eso ya es un indicio suficiente de que no hay que esperar que ellas generen nada. No son las Madres tejiendo y destejiendo el universo, sino un producto final con todos los desconchados de los callejones sin salida.

A estas constantes construidas ignorando el principio de proporcionalidad se las denomina constantes absolutas. Suele decirse que esto significa que no dependen de otros cuerpos del entorno; tienen de nuevo muchos de los atributos de las cajas negras. Para la gravedad, por ejemplo, esto se traduce en que si dobláramos todas las masas del universo, la aceleración también se doblaría, lo que no dejaría de percibirse inmediatamente. No sólo el tiempo de la mecánica clásica, el resto de los principales atributos, se convierte en absoluto. ¿Qué significaría lo opuesto a esto? Boscovich ya lo planteó en consonancia con el principio de las proporciones homogéneas: un movimiento común a nosotros y el mundo no puede ser percibido por nosotros. Todo podría crecer y empequeñecer hasta el infinito delante de nuestra propia mirada, con todas las magnitudes contrayéndose y expandiéndose al unísono, sin que llegáramos nunca a percibirlo. La misma caverna del ojo se hallaría en las mismas circunstancias.

Siguiendo este hilo conductor llegaríamos a plantearnos en otros términos cuestiones legítimas que el contexto de la física actual y el carácter de sus leyes convierten en peticiones de principio una vez que todos los términos parecen haberse invertido. Es el caso de recursos desesperados, como el llamado principio antrópico. Pero desde leyes acordes al principio de las proporciones, y por lo tanto independientes de las trasformaciones de escala, nos haríamos preguntas bien diferentes, puesto que las mismas leyes serían congruentes con el contenido real de la experiencia. Sin necesidad de invocarlo, el hombre estaría ya algo más presente. ¿O estará diciéndonos esto que las llamadas leyes físicas son justamente aquello que no tienen ningún contacto con la experiencia humana, salvo de forma contingente? Pero necesidad y contingencia son ahora mismo expresiones tan vanas.

Un excelso teorema de la física moderna define las condiciones de simetría de las leyes de conservación. En esencia, se observa que la conservación del momento lineal, el momento angular y de la energía dependen respectivamente de que los sistemas sean independientes con respecto a la traslación en el espacio, la rotación y el tiempo. Es decir, las leyes de conservación, el suelo fundamental del que se hace depender todo, dependen críticamente de que los sistemas sean por completo insensibles a variaciones locales del espacio, el tiempo o la rotación. Podría parecer que este teorema tiene alguna relación con el principio anterior, pero puesto que sabemos que es una de las grandes directrices del estilo altamente algebraico de la física actual, la relación sólo puede ser negativa, una suerte de hueco. En cualquier caso, se separa el sistema en compartimentos bien diferentes, y lo más difícil y lo interesante sería saber como se comporta un sistema que muestra simultáneamente sensibilidad a las variaciones locales de esos tres elementos. Sin eso, las leyes de conservación, supuesto suelo y fundamento de la realidad física, siguen mostrándonos límites y contornos demasiado vacíos, aplicados de forma general sobre comportamientos que desconocemos.

“La extraña teoría de la luz y la materia”, como la llamó el más famoso de sus promotores, conocida por su precisión de cálculos en cifras decimales, es hoy aceptada casi universalmente. No bastando con eso, también ha sido aceptada como modelo para todas las teorías de campos posteriores, todavía más amplias y remotas. En esta teoría, el procedimiento crucial para lograr el acuerdo con los experimentos es sustraer un infinito de otro infinito, algo que la matemática elemental considera sin más como indeterminado, y que seguramente es lo único adecuado para un embrollo de esta magnitud. Si un ingeniero, o no digamos, un contable, nos presentara semejante balance de cuentas, nos reiríamos en su propia cara; pero los físicos han logrado convencer al resto de la comunidad de que ellos son más listos, cuando no más profundos. También aparecen oportunamente partículas virtuales y antipartículas viajando hacia atrás en el tiempo, y, más tarde, esos mismos físicos son capaces de renunciar a sus más preciadas constantes, cuyo valor se puede reducir a cero si una situación apurada lo precisa. Con estos fundamentos tan sólidos, ya sólo queda por acometer una “Teoría del Todo” que termine de resolver los misterios. Todo un desafío para la inteligencia, y también un desafío frontal al intelecto.

Pero nadie puede negar que semejantes procedimientos lleguen a dar predicciones correctas, y al final eso es lo único que importa. Por eso mismo, lo que llega a ser predecible se convierte para la física en sinónimo de lo real, y el resto, lo que no ha sido explicado, necesariamente ha de ser un mero efecto suyo. Una curiosa y atrevida forma de razonar. Todo lo que ha sido dejado fuera, ha de estar ahora dentro, también necesariamente. Pero esto parece tener un doble sentido.

Sería completamente injusto culpar a los físicos del último siglo de esta serie en cascada de arbitrariedades. La física se ha mantenido fiel por entero a su estilo al menos desde Newton, desde que se consagró, no sin gran resistencia, el empleo de las matemáticas paralelas para describir ciertos perfiles de la naturaleza, ignorando sistemáticamente cualquier mecanismo que pudiera rendir explicaciones concretas. Lo único que ha ido creciendo es la confianza, el atrevimiento, y la habilidad técnica para resolver más y más problemas; el juego ha sido siempre el mismo. No hay herejes en esta tradición, y si los hay, no los reconoce nadie.

Según estimaciones bien consensuadas, la masa de conocimientos en todas las ramas de la ciencia, física incluida, se ha duplicado regularmente cada quince años; lo que significa que esa masa de conocimientos es aproximadamente un millón de veces la que existía cuando un Newton casi anciano publicó su *Optica*. Para conjurar este cálculo y esta amenazadora evidencia, suele decirse que la física ha logrado entretanto formidables generalizaciones y síntesis teóricas, que permiten que todavía hoy un físico pueda tener una visión razonablemente buena de su disciplina. Esto es aparentemente cierto, pero ya hemos visto, en algunas de sus líneas maestras, a qué precio se consiguen esas síntesis y generalizaciones formidables: es imposible engañarse al respecto. Pero es que, además, un hombre de ciencia de la capacidad y dedicación de Newton ya se había resignado a conocer sólo una parte, una nada redonda "mitad" de los problemas que le llegaron a ocupar. Y puesto que es claro e indudable que la ciencia ha permanecido fiel a su estilo y procedimientos, nada más lógico que pensar que la cara oculta de esta esfera ha crecido en proporción idéntica a la de la "masa de conocimientos". Se tiene entonces la esperanza de que, cuando menos, el científico moderno haya ganado mucho en perspectiva sobre sus problemas, pero esto parece más que improbable si no se dan las condiciones para un contraste de ángulos, como exige el principio de visión binocular que también aplicamos al paralaje de estrellas; cambian mucho los detalles, pero seguimos observando la misma cara del astro.

Así, ese cálculo somero en torno a estas sombras y penumbras, sus pliegues e interferencias, nos dice que, incluso dentro de una rama general como la física, lo que podemos conocer, ya sea de primera o de vigésima mano, viene a ser "la mitad de una millonésima", o la millonésima de una mitad. Cálculo que parece extravagante y fuera de tono por lo grueso, pero que refleja bastante fielmente la realidad. Las teorías más celebradas por su exactitud tienen un perfil de precisión de once o doce cifras decimales. ¿Cuál es el orden de precisión de nuestra estimativa cuando calculamos cualquier distancia? Pero es que incluso damos por sentado que podemos aumentar indefinida y automáticamente la precisión de una medida independientemente de lo que estamos midiendo. ¿Y qué se puede decir de la precisión de los conceptos, tan a menudo objeto de burla? Difícilmente podría esto arrojar un balance mejor. Si el conocimiento no ocupara lugar, ni se sometiera a un orden cuantitativo, no parece que sea esta clase de conocimiento acumulado y filtrado el que pueda acortar la distancia con los contenidos, antes todo lo contrario. Más allá de nuestra capacidad intelectual, cabría entonces apelar al sentido de lo real dentro de la propia competencia o especialidad; pero justo aquí, el que tiene competencia tiene que competir con otros profesionales que apelan a los bordes excluyentes de su disciplina, a esos perfiles de las predicciones compelidos a saltar sobre la realidad. Y es que incluso cuando se investiga la consistencia o los fundamentos de una teoría, se hace sobre todo para preservar y garantizar los resultados. La situación es demasiado cruel para cualquier intelecto individual, que todavía confía en que, de alguna manera, el trabajo colectivo de la comunidad asimile y destile toda esta inteligencia dispersa. Una monumental ilusión, porque nunca es la inteligencia lo que se junta, sino la fuerza.

Un momento nunca suficientemente advertido para el desarrollo de las concepciones físicas es la transición que va de Descartes a Newton. A Descartes se le considera padre tanto del mecanicismo como del dualismo filosófico, pero Newton, que sacó una gran utilidad de sus trabajos, se opuso al francés de la forma más obstinada. Ahora bien, el programa físico de Descartes no pasaba por las matemáticas paralelas, sino por la explicación exhaustiva de los fenómenos en términos de sus detalles mecánicos, como era el caso de los vórtices en un medio o éter todavía por definir. Newton recusó todo esto como rudimentario y mostró que bastaban las matemáticas abstractas, sin necesidad de apelar a ningún mecanismo, para predecir las órbitas de los planetas y las caídas de los cuerpos en éste. Pero para esto era necesario postular conceptos completamente contrarios a la intuición, como era la de una fuerza a distancia en el vacío, o la de una masa doble, que podía ser peso por un lado y fuente o efecto de inercia por otro. Y es justamente entonces, cuando se consigue burlar la necesidad de una descripción mecánica completa de los fenómenos, que el llamado "mecanicismo" y sus leyes adquieren aceptación y difusión. Justo cuando ya nada puede ser enteramente mecánico, el mecanicismo comienza a extenderse por doquier, puesto que se expande el número de fenómenos predecibles. Predecible y mecánico se convierten en sinónimos, aunque ambos conceptos puedan permanecer tan lejos.

Si la filosofía de Descartes, queriendo salvaguardar el espacio del alma, era dualista, no lo era en cambio su física, que no dejaba lugar para las cajas negras. Es la física de Newton, que parece ser única y sin costuras, la que instaura el dualismo cartesiano en el núcleo del acontecer físico, al descomponer todos sus problemas en una parte extensa, expuesta al examen de su movimiento, y una parte oculta que nunca se puede traducir en extensión. Rara será la vez en que se llegue a reconocer esto tan evidente.

La forma más sencilla que adopta este dualismo, que se niega a reconocerse como tal, es la taxativa partición de los sistemas de referencia, ese extraño arbitraje que con el tiempo ha dado lugar a una insuperable y cómica sucesión de embrollos. Y que, cosa todavía más extraña, consideran las mentes más instruidas como algo inevitable y natural. El mundo se divide en objetos inerciales en reposo o con velocidad constante, como la luz, y objetos materiales acelerados; cuando esa aceleración tiene un valor constante, cabe suponer que estamos ante un efecto de una fuerza fundamental. Salta a la vista el carácter doblemente ambiguo de esta separación de marcos, cuyos efectos no dejan de bifurcarse una y otra vez. En la teoría del electromagnetismo y la luz, ambos marcos entran en un contacto y conflicto peculiares, de los que emergen el prodigioso número de dualidades que puede encontrarse en las teorías de campos más modernas. Técnicamente, una dualidad no es algo tan terrible: ocurre simplemente que un sistema admite por igual dos descripciones matemáticas diferentes. A menudo, incluso se trata de una condición deseable. Sin embargo, no deja de ser intrigante su proliferación en la física moderna, su recurrencia sobre fondos a menudo desconocidos.

La rudimentaria mecánica cartesiana nunca hubiera tenido esos problemas; sabido es que en ella, cualquier cosa que pueda medirse tendría que existir a impulsos de movimientos de rotación, o lo que es lo mismo, de la aceleración. La mayor laguna de la mecánica de Newton es que considera la rotación y el movimiento angular sólo de una forma subordinada a la traslación en el espacio. Otro nuevo detalle extraño, para alguien cuya principal cuestión era el movimiento de los planetas; para cualquiera de nosotros, desde los tiempos más remotos, la pregunta más inmediata que se nos ocurre mirando al cielo es porqué esa esfera parece girar. Luego, más instruidos, nos hemos preguntado porqué giran en torno a sí mismos los planetas, o por qué no giran cuando no tienen satélites. Esta simple pregunta, salvo por las meras especulaciones, no encuentra ninguna respuesta en la ciencia moderna, y queda degradada al rango de la contingencia. De aquella laguna inicial de la mecánica se han derivado muchas consecuencias.

El estilo de la física a lo largo de toda su trayectoria es claro e invariable, y su justificación única, las predicciones cuantificables. Para ir aumentando la esfera de eventos predecibles, se ha ido perdiendo paso a paso cualquier rastro de inhibiciones respecto a los procedimientos a emplear, y si alguna teoría física es desestimada o cuestionada, no lo será nunca por los procedimientos, aunque oculten un centenar de convenciones y arbitrajes, sino por su incapacidad de hacer predicciones contrastables con los experimentos. Pero este estilo completamente "desinhibido" que caracteriza al quehacer moderno encuentra su fiel contrapunto en la enorme, tremenda inhibición ante cualquier explicación concreta de los fenómenos relevantes, tácitamente prohibida. En esto no se diferencia del estilo del hombre contemporáneo en general, ese moderno hombre sin sombra con sus grandes miedos a los planteamientos y las respuestas concretas.

Parecería obligado concluir que, en la medida en que algo es predecible, hay que renunciar a cualquier explicación o intuición genuina de los fenómenos. Por lo mismo cabría preguntarse si con una explicación o intuición real, que no se valiera de cajas negras, se puede o no llegar a algún tipo de predicción. Esto último parece demasiado absurdo, salvo que intuición y predicción divergieran sin remedio en algún punto desconocido.

Una de las creaciones más bellas del espíritu humano recibe el nombre de geometría proyectiva. Su creador, el arquitecto Desargues, fue estricto contemporáneo de Descartes, del que parece una suerte de gemelo o calco metafísico. Su deslumbrante invención no fue rehabilitada hasta el auge del Romanticismo, coincidiendo con los últimos años de la vida de Goethe; entonces se la llegó a conocer como "geometría sintética", por oposición a la geometría analítica del filósofo del método. Pronto se vio, por lo demás, que esta geometría en modo alguno se opone a los resultados del análisis, diferenciándose tan sólo en la forma de producirlos, y ayudando de hecho a generalizarlos Se vuelve aquí de nuevo al paraíso de los elementos puramente intuitivos, lejos de los trampantojos algebraicos y sus infinitas sustituciones. No hace falta decir que, en nuestros tiempos, la idea de elegancia matemática vertida sobre la física es precisamente la de la elegancia algebraica. Pero no por intuitiva resulta la geometría proyectiva tan simple. Muy al contrario, puesto que sus resultados se tienen que justificar de forma rigurosamente constructiva. Esto representa ya una carga enorme, un contratiempo imposible de suscribir para otro tipo de procedimientos, tan acostumbrados a saltar alegremente sobre la realidad para llegar a los resultados deseados. Sin embargo, dentro de las infinitas representaciones posibles del espacio, la geometría proyectiva es el caso más general, y todas las geometrías basadas en una definición de distancia, sean euclídeas o no, quedan incluidas como casos particulares.

La geometría proyectiva se ocupa de las propiedades de las figuras que permanecen invariables bajo la proyección. La proyección de una línea es otra línea, y el punto de incidencia de dos líneas es proyectado en otro punto que es la intersección de las proyecciones de las dos líneas originales. Esto es al menos lo que rezan los manuales para estimular la oscura fe de los razonamientos lógicos, si bien para el ojo esto se hace pronto evidente. No hay líneas paralelas en la geometría proyectiva, puesto que fieles al espíritu de perspectiva, tendrán que encontrarse en el infinito, que es el horizonte en el que converge su dirección. Una dirección idealizada es un punto en el infinito; un horizonte idealizado, una línea en el infinito.

Nuestra mirada se ha familiarizado, no sin violencia, con estas directrices de la Perspectiva. Para el occidental, fueron en primer lugar una invención y un ordenamiento puramente estético, lo que aún sustrae más su influencia a nuestra capacidad de ponderación. En el más amplio de los sentidos, puede decirse que la perspectiva crea las traviesas y los raíles de la inteligencia moderna; por eso mismo, parece todavía más extraño que la geometría proyectiva haya sido descubierta tan tarde y no haya dejado de ocupar un lugar innegablemente marginal. Sin duda, eso tiene que ver con su carácter previo al mundo de la medida y su papel circunstancialmente infausto. Pero los conceptos proyectivos sólo asumen un principio central del arte de la perspectiva, e ignoran otros, explorando tanto las posibilidades internas de ésta como muchas otras que han quedado fuera. Por ejemplo, puede subsumir los elementos ideales en un punto en el infinito, en vez de una línea en el infinito; en lugar de las líneas y puntos del espacio ordinario, tendremos como elementos líneas y planos. A esto se le ha llamado "contra-espacio infinito", puesto que un plano incidente con él bien puede ser llamado "plano en el infinito" de ese contra-espacio. De este modo, cabe considerar cada punto como un infinito mundo interior, potencialmente capaz de reflejar todo un entorno exterior igualmente infinito. Es una forma puramente geométrica, y en más de un sentido legítima, de expresar "la infinitud que habita en mi pecho" del poeta.

Una forma sin limitaciones simbólicas, que en ningún caso llega a rozar el mundo de las magnitudes mensurables del que invariablemente se ocupa la física. Estas se regirán por los llamados "espacios métricos", espacios con distancias definidas. Esta independencia soberana de la medida parece ser a la vez la gloria y la limitación de esta geometría, aunque es difícil hablar de limitaciones cuando puede contemplarse cualquier espacio métrico como un caso suyo especial. Tenemos aquí la más fabulosa linterna mágica para explorar las formas vivas de la naturaleza; sólo que en este caso no se trata de la conocida luz para proyectar imágenes sobre una pantalla, sino de una luz que se sitúa dentro de las formaciones más opacas como en su nicho natural para resplandecer velada.

No está de más recordar que la geometría proyectiva es, junto con la teoría de los poliedros regulares —los sólidos platónicos—, el origen del concepto matemático de dualidad, que luego hemos visto proliferar en los dominios más inopinados. Pero las dualidades proyectivas son evidentes, implican transformaciones de puntos y líneas, líneas y puntos, inciden dentro o quedan fuera; mientras que las dualidades en física, como la de la descripción de la luz en términos de ondas y partículas, parecen del todo inextricables, y además remiten a dualismos todavía más inaprensibles, como el arbitraje de los marcos de referencia para el movimiento. Y en cuanto al movimiento, no habiendo en geometría proyectiva una regla de medida, éste se convierte tan "solo" en una transformación. En cualquier caso, no deja de ser llamativo que un concepto tan elemental y ubicuo en las matemáticas, la dualidad, eligiera esta puerta de entrada tan tardía.

El único filósofo que de algún modo recogió los conceptos apenas esbozados de la geometría proyectiva fue Leibniz en lo que se considera el sello personal de su sistema, la idea de mónada. Esta idea, que ya desde la antigüedad fue referida a la noción de lo indiviso y sin límites, adoptó en el polígrafo alemán el aspecto accidental de una esfera inextensa que refleja el mundo a modo de espejo. Probablemente la imagen de un espejo sin ventanas no es de las más afortunadas, pero el matemático, espejo y fiel contrapunto de Newton en todos los aspectos, estaba buscando alguna forma simple de aludir la reciprocidad con el mundo desmarcándose de las circunstancias físicas, que como es sabido, ni siquiera llegaron a esbozarse en su sistema a pesar de su ambición omnicomprensiva.

Rara es la vez en que surge cualquier clase de idea a modo de contrapunto en la esfera de la ciencia moderna que no tenga como referencia original a Leibniz; se trata sin duda de un motivo recurrente. Y es que en torno a una fecha muy precisa, que es la de la redacción del núcleo de la obra de Newton y Leibniz, algo hay que parece cristalizar y diluirse a la vez, coincidiendo con el punto máximo de la potencia especulativa. Una línea se bifurca y sus ramas nunca vuelven a encontrarse. De la rama de Newton surgen todos los grandes nombres de la ciencia que han logrado un calado mayoritario en nuestra maquinaria social; de la otra rama, la de Leibniz o Goethe, pero también la de otros muchos otros que apenas se acertaría localizar en ella, como el matemático Bernhard Riemann, surgen las apelaciones simbólicas más condensadas y distinguidas, cuya virtualidad nunca acaba de agotarse, sin que por ello lleguen a confluir sus aguas con la "corriente principal". Conocido y aun reconocido, sigue siendo un Occidente secreto.

Toda tierra tiene su occidente, y nosotros el nuestro. Se ha llegado a escuchar en la palabra "Occidente" el ruido de una enorme tapa de hierro cayendo sobre el mundo; pero en todas las culturas, "orientarse" hacia occidente era confrontar la cosecha o soñar con su promesa. Si pudiésemos mirar las mareas de la historia más allá de sus orillas, presentiríamos en las corrientes más remotas que, si Occidente ha llegado a ser determinante sobre el mundo, también ha sido porque el resto del mundo comenzaba a soñar con convertirse en occidente. Por un lado, es obvio que el predominio occidental coincidió en muchos casos con una degradación interna de otras culturas; pero el occidente no es sólo la tierra de las sombras. Que el cálculo infinitesimal, joya de la corona de la ciencia occidental, fuera descubierto en el sur de la India siglos antes de que Newton y Leibniz disputaran agriamente por su autoría, es un hecho que debería darnos algo en qué pensar. El que estos hechos se admitan ahora como tales ya habla de un cambio de signo en la permeabilidad. El análisis es el estudio matemático del infinito, y dejando aparte que los indios nos enseñaran a contar, sería del mayor interés investigar con atención qué línea de pensamiento siguieron estos grandes matemáticos indios, desde Aryabhata a Bhaskara y de éste a Madhava de Sangamagrama, para llegar a unos resultados que fuera de nuestro contexto moderno parecen casi inconcebibles.

La multiplicación de sombras con tan nítidos perfiles nos ha llevado, según los cálculos más optimistas que ya hemos visto, a poder conocer con certeza una millonésima de casi todo o de casi nada, según se mire. La terrorífica inflación del conocimiento y la ignorancia en planos incontrastables hace de cada una de ellos una "mitad desproporcionada" en la que el mismo sentido de la proporción se desangra sin medida. Un desangramiento que por lo demás intentarían recoger nuevos vasos en una ramificación incesante de especialidades, particiones y cortaduras renovadas. Ahora bien, supongamos que fuéramos tan caprichosos, o tan sabios, o tan afortunados como para permitirnos poder elegir un tema de nuestra predilección, con la esperanza de poder comprenderlo por entero, aunque fuera la menor de las nimiedades del mundo o el más pequeño detalle en nuestra imaginación. ¿Cuál sería nuestro tema? Supongamos además que somos tan caprichosos, o tan sabios, o tan afortunados como para no tener que dar cuentas sobre utilidades, predicciones, prioridades y todas esas cosas que ya suficientemente nos agobian. ¿Qué tema escogeríamos que por sí mismo merezca la pena? ¿Dónde encontraríamos algo que nos invite a limitarnos, sin hacer insoportable la pérdida?

Cualquier cosa aceptada con un espíritu semejante podría merecer la pena. Para un físico o un matemático, sin embargo, la elección podría recaer, por ejemplo, sobre un punto sin dimensiones. Desde luego que esto, por sí solo, resulta demasiado y demasiado poco; pero cuando pensamos en el entorno de un punto las condiciones cambian drásticamente. Hay infinitos entornos posibles para un punto. El concepto clásico de entorno para un punto en la física son los números reales, que ya por sí solos plantean suficientes problemas. La dinámica del punto material es el caso ideal del que se deriva la dinámica de los cuerpos sólidos, pero no hay ni que decir que no por denominarlo "punto material" asume más propiedades tangibles que las de obedecer a las tres leyes de la mecánica. De manera genérica, un punto material es una partícula inextensa. La mecánica clásica está enteramente construida sobre el concepto de movimiento de traslación en el espacio; ya vimos que el movimiento de rotación queda subordinado al primero, sin merecer un rango propio. Se postula, por ejemplo, la conservación del momento angular, pero asumiendo la condición de que existan partículas puntuales que actúen según la misma línea de acción. En sí mismos, los puntos no se mueven, como todo lo demás en la mecánica. ¿Y cómo podría ser de otro modo?

Existe algo conocido como "dinámica del punto orientado"; surgió en plena edad dorada de la geometría proyectiva y pueden establecerse infinidad de relaciones entre ambas. La idea no puede ser más simple: definimos un punto de manera completa con las tres coordenadas habituales para el movimiento de traslación espacial y con otros tres vectores ortogonales que le permitan cualquier orientación intrínseca, cualquier giro sobre sí mismo. Esto nos da seis grados de libertad, equivalentes a seis dimensiones, por cada punto. Verdaderamente, no deja de sorprender como el análisis, con su ojo de Cíclope para el movimiento en lo infinito y lo infinitesimal, haya ignorado por entero la libertad de un punto para poder revolverse sobre sí mismo, ya sea en dependencia o con independencia de todo lo demás; es como si se le hubiera querido crucificar en unas coordenadas que, en principio, ni siquiera lo tocan. En cuanto a principios, la dinámica clásica trata la caída del saltador desde el trampolín como la parábola descrita por su centro de gravedad, despreocupándose por completo de si cae de pies o de cabeza. Pero, desde el comienzo de la dinámica, hubo un muy poderoso motivo para ignorar las cuestiones de la orientación: dificultaban en gran medida unos cálculos ya de por sí lo bastante complicados. Cuando el tema vio la luz a mediados del Diecinueve, no podía ser otra cosa que un lujo intelectual de la matemática pura, e inmediatamente volvió a caer en el olvido. Para entonces los procedimientos de la mecánica se habían convertido en rutinarios y una puntualización de semejante índole ni siquiera alcanzaba rango de impertinencia.

Si bien nos ofrece una representación potencialmente más completa que el punto material, el punto orientado y su dinámica no encuentra allanado su camino en la aplicación a los problemas de la física. Sólo recientemente Gennady Shipov ha conseguido reescribir en sus términos las ecuaciones fundamentales de campos, nuestros más reverenciados monumentos. Puede argumentarse que se trata de bosquejos parciales y de formulaciones generales muy alejadas del detalle, y que, partiendo de conceptos con tan pocas restricciones, pueden fabricarse a posteriori ecuaciones cualesquiera. En primer lugar, cabe dudar de que haya nadie que conozca a fondo las restricciones reales que impone esta nueva modalidad de la dinámica. Más importante parece la objeción de que no se llega a esas ecuaciones sin volver de nuevo e inevitablemente a las manipulaciones algebraicas de rigor; se comienza con algo que promete ser intuitivo y completo, y se va sacrificando por el camino para llegar a los resultados conocidos, que no por conocidos son menos oscuros. En cualquier caso, nuestro interés por la dinámica orientada pasa tan sólo por lo que pueda aportar de legítima intuición a la mecánica elemental, no por esas generalizaciones tan lejanas y extremadas.

Con todo, este trabajo tiene un valor extraordinario y no deja de suscitar cuestiones necesarias. Para dotar a un punto con seis grados de libertad con las propiedades físicas y sus medidas, es necesario introducir el tiempo como una variable añadida. Con esta variable añadida, surgen en realidad cuatro nuevos grados de libertad, para un total de diez grados o dimensiones. En la medida en que esto representa posiciones independientes de la evolución temporal, ello ya supone un salto sobre la realidad que tendría que reducirse a las relaciones de dependencia explícita que esa misma realidad exige. Tan sólo esta reducción ya parece un tema inmenso, tanto por la dificultad técnica como por sus implicaciones. El marco de estas transformaciones es la geometría afín, un caso especial de la geometría proyectiva y un caso más general que los espacios métricos o geometrías basadas en la distancia. La teoría de Shipov es una teoría del vacío físico, pero este vacío es bien distinto del vacío del resto de la física contemporánea. Un punto con estos grados de libertad genera vórtices, y un vórtice tiene en su centro el vacío. En vez de plantearnos el mundo material como un espacio vacío en el que se mueven partículas puntuales, podemos contemplar una posibilidad casi contraria: es el espacio el que está lleno, y es su movimiento el que desemboca en el vacío de los vórtices generados por los puntos —el punto orientado es un punto vacío, y su carácter físico se debe a su atracción. Se obtiene así una genuina mecánica cartesiana basada en la rotación o aceleración, y lo que se antojaba como un rudimento naturalístico se ve superado en la exploración de las posibilidades dinámicas del punto orientado. Ni siquiera son necesarias constantes fundamentales en esta teoría. Pero seguramente su mérito mayor consiste en que permite, cuando menos en principio, una descripción local de la inercia, caja negra de la física por excelencia. Una descripción local exige que se pueda describir de forma infinitesimal la transición entre inercia de traslación y la de rotación, terminando con el muro interpuesto entre los marcos o sistemas de referencia y los juegos de manos con otras cajas negras sucesivas.

Todo esto queda ilustrado de forma modélica por el comportamiento de un giróscopo o una simple peonza. Desde siempre nos ha llamado la atención el hecho de que una peonza retiene la dirección de su eje de rotación en el espacio, por ejemplo cuando inclinamos la palma de la mano. Esto es de sobra conocido, pero nunca ha sido explicado por la mecánica clásica sino de la forma más externa y superficial. Lo que en ningún momento se contempla es la causa real, que no es otra que la anisotropía de la masa inercial de la peonza, su dependencia de la dirección. Ya se ha visto que la física opta siempre por las leyes y los principios isótropos, independientes de la dirección, y a ser posible independientes absolutamente de todo, salvo lo que se quiere preservar. Pero lo que es del todo indudable es que el propio trompo en rotación no es isótropo, y ciertamente podemos obtener diferentes valores para la aceleración de su centro de masa. Su comportamiento típico empieza justamente donde termina la aplicabilidad de la teoría del movimiento del punto material. Piénsese por ejemplo en un fenómeno que casi todos hemos observado: una peonza impacta con la pared en un determinado ángulo y rebota, pero puede volver a la pared de nuevo y salir de ella tres, cuatro o más veces, para abandonarla definitivamente y seguir otro rumbo diferente. Un comportamiento así no puede explicarlo la mecánica ordinaria y la ley de acción y reacción salvo por artificios externos, nunca de una forma natural. Esta peonza insistente y hasta un poco cabezota, que parece aprender tras repetidos intentos, nos da una idea de la inercia bien específica y distinta del fantasma de la primera ley, e incluso nos recuerda con viveza eso que humanamente entendemos como inercias del comportamiento —sin que, obviamente, haya en juego otra cosa que unas causas mecánicas harto concretas. Se trata, efectivamente, de un impacto elástico, cuya dependencia de la orientación lo convierte también en un impacto interno al cuerpo sólido y la configuración del sistema.

Todavía más explícito es el desafío que nos brinda la peonza retrógada o piedra oscilante, también conocida como "barquito del diablo"; un fenómeno que ya los hombres de la prehistoria tuvieron ocasión de conocer. Un canto rodado con forma de huevo partido o elipsoide y con masas repartidas asimétricamente entre ambos extremos es hecho girar en una dirección, pero tras frenarse gradualmente, comienza a girar por sí sola en sentido inverso. Incluso cuando el giro es igual a cero y ha dejado de dar vueltas sigue actuando el par de torsión, o de otro modo no se produciría la inversión subsiguiente. Este parece ser el arquetipo mecánico de la enantiodromia, término que Heráclito y otros filósofos griegos utilizaron para referirse a la conversión de un proceso en su contrario, y que la psicología quiso en su momento retomar. Ciertamente, entre una asimetría de la distribución de la masa y una inversión completa del movimiento angular hay algo más que una pequeña diferencia para la mecánica. Tras múltiples tentativas, se han obtenido las ecuaciones que describen este tipo de comportamiento con modelos por ordenador terriblemente sofisticados, así como predicciones dentro siempre de condiciones muy restringidas, si queremos llamar predicción a la precaria reproducción a lo largo de un tiempo de dichas condiciones; pero nadie ha sido todavía capaz de ofrecer una explicación intuitiva de cómo ocurre todo esto —es decir, nadie lo entiende. Es más que razonable dudar del carácter intuitivo de los fundamentos de la mecánica si no podemos entender el comportamiento externo de una piedra. Puesto que estas piedras tienen una tendencia manifiesta a girar en una dirección y no en la otra, a pesar de fuerzas ajenas y contrarias, con el mismo Heráclito parecen decirnos: “mi modo de ser es mi *daimon*”.

Aun a riesgo de estar completamente equivocados, o de introducir simplificaciones excesivas, debemos intentar comprender los mecanismos involucrados. En el caso de la peonza retrógrada, podríamos pensar en un centro de gravedad o de masa determinado por vectores, que se enroscan progresivamente hasta llegar a la detención del giro —si bien todavía puede haber oscilaciones en el plano vertical—, para desenrollarse o desplegarse de nuevo cuando la piedra gira en dirección contraria. Esto es algo intuitivamente sencillo, aunque nada sepamos de las dificultades matemáticas; si estas dificultades no son excesivas, se plantea la posibilidad de que problemas de aparente gran complejidad intrínseca admitan una simplificación esencial con una modificación de reglas.

El número de "anomalías" relacionadas con sistemas en rotación es interminable, sin que dejen de descubrirse constantemente otras nuevas. Y a pesar de todo, siempre se les encuentra una u otra rebuscada explicación que no exija hurgar en las leyes de conservación habituales. Cualquier cosa, con tal de no ver nada especial en el propio movimiento de rotación: el único movimiento perfecto, el único que se tiene a sí mismo por referencia. A este movimiento de rotación se lo traduce en traslación y se lo convierte en "momento angular", para ser consistente con los sistemas de referencia elegidos. ¿Y cómo —se dirá— podríamos dejar de hacerlo, si el mismo círculo gira a un torno a un punto? Pero incluso en un compás es el punto el que gira, y el círculo por el contrario lo refleja.

Es el punto material el que sugiere la más desconectada entelequia, antes que el punto orientado, en torno al cual tal vez puedan empezar a contemplarse propiedades materiales que no sean enteramente opacas. Dentro del marco de las leyes descritas por la física, las propiedades relacionadas con la orientación se ciñen casi exclusivamente al magnetismo. De hecho, el magnetismo no aporta propiamente fuerza o energía al estado de los sistemas, sino que, como contraparte de la electricidad, incide "tan sólo" sobre su orientación. Puesto que para la física lo importante de verdad son las fuerzas, los momentos y su conservación, bien puede decirse que en su seno el magnetismo es considerado como un efecto parásito y secundario de las cargas y su movimiento. También es innecesario apuntar que no existe nada parecido a una descripción completa del magnetismo, sino una puramente convencional y empírica, similar a un conjunto de reglas de tráfico. Las cargas eléctricas, por otro lado, se caracterizan por su "giro intrínseco", y no son más ajenas al problema de la orientación —aparte de que el mismo cuanto de acción tenga dimensiones de momento angular. Al final puede verse que casi todas las propiedades materiales características y observables dependen del electromagnetismo, y por lo tanto, directa o indirectamente, de la orientación —salvo, al menos aparentemente, el puro peso y los colores. Y sin embargo esto llega a obviarse de una y mil maneras, para quedarnos con la imagen de una materia insensible, indiferente e independiente de cualquier orientación. ¿Cómo podrá justificarse esto? Uno podría concluir fácilmente que nuestras mentes están más desorientadas que la materia que intentamos ponderar.

¿Hemos pensado bien en lo que significa que la física comience su arbitraje de los "sistemas de referencia" eliminando el problema de la orientación?

Pero es la dinámica clásica del punto material la que obliga a considerar todo en términos de fuerzas centrales y relega las relaciones periféricas con el entorno al rango de los efectos. Aunque también esto es una contingencia de la historia: la dinámica del punto material, como las propias leyes de la mecánica, fueron propuestas para justificar la teoría de la gravedad y sus predicciones celestes, ya garantizadas por las siempre enigmáticas leyes de Kepler. Así ha sucedido siempre en la ciencia, donde en general no hay otro programa que la ocasión. Resulta absurdo, por ejemplo, considerar a una célula en términos tan sólo de fuerzas céntricas; pero lo mismo podría decirse de cualquiera de los átomos y moléculas que la componen. Por su parte, las acciones periféricas o del entorno parecen ser de una complejidad y variabilidad infinitas, y por lo mismo no se ve la posibilidad de reducirlas a casos simples. En este contexto, la idea misma del punto orientado y su dinámica vienen a ser el lugar crucial de transición para ambas esferas. El punto material ni siquiera nos está hablando de cuerpos sólidos reales, más que para casos siempre aislados. Todas las analogías de la mecánica celeste, como la comparación famosa de Newton de los planetas con piedras girando en una honda, en lugar de erradicar el antropocentrismo, lo instalan hasta tal punto en el centro que ya ni tan siquiera somos capaces de advertirlo. Y en definitiva, todas las llamadas leyes de la naturaleza han seguido el mismo destino, puesto que las ideas derivadas del punto material sólo son genuinamente aplicables a las máquinas e ingenios del hombre, sólo allí donde la parte material ha consentido con ser aislada y configurada para un designio específico. Basta leer los *Principia* para saber que no es posible ignorar el papel que jugó el péndulo en la cristalización de la mecánica y sus principios; el reloj de péndulo fue la primera máquina completa en que cabía estudiar los principales motivos de la disciplina, como impactos, tiempo, momento o gravedad. La peonza era conocida desde hacía miles de años: fue materia de escrutinio e interrogación entre los sacerdotes de los templos, fue ante todo el objeto de disfrute favorito de niños en callejuelas y plazas. Si ignorásemos el desafío técnico que planteaba, cabría pensar que las cosas hubieran sido distintas de haber podido elegir a la humilde peonza como arquetipo; pero elegimos el reloj de cuco.

Es altamente improbable que la idea ingenua y naturalística de los colores de Goethe no hubiera sido ya advertida por los antiguos; y las alusiones de Platón apuntan ya en el mismo sentido. Lo que sí es cierto es que no nos ha llegado nada comparable en cuanto a lo elaborado y demostrativo de los experimentos, y no hay ninguna duda de cuál es la razón: Goethe tuvo aquí a Newton como maestro, lo que no es pequeña ventaja. En todos los viejos casos de la ciencia hay encerrada otra realidad esperando a ser liberada de su estrecho y contingente propósito, pero es a este último al que reverenciamos.

Cualquier explicación naturalística de la materia, en términos de vórtices o cualquier clase de objeto tangible o concebible, parecía condenada ya al ridículo en los tiempos de Newton; pero sin embargo es evidente que la idea del punto material, ya sea en la mecánica clásica o sus posteriores extensiones estadísticas, permanecerá suspendida en el aire, fijada tan sólo por una serie de parámetros experimentales y técnicos. Aparte de todo, cualquier "objeto" elemental del tipo de un vórtice ya es una puerta abierta a toda suerte de complejidad y dificultades añadidas; y lo que es todavía más importante, parece terriblemente inelegante en comparación con el punto y su casi enteramente blanca disponibilidad. Hoy, sin embargo, y a medida que profundizamos en detalles, nos vamos acostumbrando a la evidencia de que la complejidad acecha en cualquier parte y en cualquier punto, y el problema de ver las transiciones entre los casos complejos sin remedio y los puntos de partida demasiado simples adquiere una nueva dimensión e interés. Pero un vórtice, la forma más organizada de la turbulencia —epítome de la complejidad para el análisis—, se distingue ya por la rotación de todos sus puntos en torno a sí mismos, y no sólo en torno a las líneas de fuerza generadas en su medio. Y, de hecho, al igual que ocurre con un trompo, no dejan aquí de producirse "anomalías inerciales", que los físicos, intentando ignorar el asunto, pueden describir en términos de "difusiones anómalas" igualmente ubicuas. A su vez, esta difusión anómala puede describirse mediante técnicas matemáticas misteriosas, como el cálculo fraccional, que implican que el sistema tiene una cierta memoria de su pasado, algo que parece contrariar los principios básicos de la dinámica y que nadie hasta ahora ha sabido interpretar. Parece entonces legítimo contemplar un vórtice —que por lo demás comparte propiedades de ondas y corpúsculos— como la forma más simple de complejidad, y a la dinámica de un punto orientado con inercia, como la forma más simple de generar un vórtice. Y el problema entonces es hasta qué punto se deja reducir esta forma más simple.

En consonancia con la idea de que no podemos percibir ni medir nada que cambie a la vez que nosotros, ha sido propuesta por algunos la idea de una "endofísica", una física desde dentro que complementaría a la "exofísica" que parece observar los sistemas desde fuera. Para flexionar ambas se propone una generalización del concepto de interfaz. Pero, desde el comienzo, se asumen famosas instituciones de la física, como el socorrido observador, que sólo logran apuntalar una división de los sistemas de referencia ya lo bastante artificiosa. Además, las teorías aceptadas que recurren al observador suponen una violación múltiple del principio de homogeneidad de las proporciones físicas, íntimamente ligado a lo que se querría plantear. También es innecesario y del todo contraproducente apelar a conceptos tan derivados como los de la esfera de la información para intentar circunscribir la experiencia original. Con seguridad no hay dos físicas: nos bastaría con una lo bastante íntegra. Y en ese caso, difícilmente podría hablarse de realidad física tal como ahora la entendemos. La misma idea de realidad, término del que siempre abusamos, podría hacerse mucho más nítida y en igual medida más condicional.

Cualquier cuerpo sometido a una fuerza es acelerado y deformado al mismo tiempo. ¿Por qué entonces un objeto en caída libre por gravedad experimenta aceleración pero no deformación? Este hecho nos enseña hasta qué punto es la gravedad un fenómeno extraño. También nos muestra lo impropio que es considerar a la gravedad como una fuerza en cuanto tal. A pesar de todo, se postula la identidad de masa inercial y masa gravitatoria, aduciendo que nunca ha sido medida la menor diferencia entre ambas. ¿Pero cómo podría nunca medirse? Las leyes de la mecánica se construyeron para justificar el rango universal de la gravedad. Ahora bien, las leyes de la mecánica establecen dos formas de inercia o de reposo —la ausencia de movimiento y el movimiento rectilíneo uniforme. Pero la propia caída libre acelerada no implica cambios locales para el propio cuerpo, salvo que ésta sea bruscamente interrumpida: mientras dura, la caída libre acelerada es el tercer estado de reposo, y esto basta para mostrar el carácter arbitrario de la división de los sistemas de referencia.

El mismo éxito en la descripción del movimiento físico en términos puramente geométricos depende de manera episódica del comportamiento excepcional de la gravedad, que existe como fuerza deformante en reposo —nuestros propios cuerpos lo revelan— y deja intactos a estos mismos cuerpos cuando se expresa como movimiento o traslación en el espacio. Hacer de la gravedad una propiedad geométrica, como quiere la relatividad, es inesencial y redundante, como lo es cualquier intento de describir su mecanismo en el espacio. Lo que nos dice "el tercer estado de reposo" es que la gravedad no puede suceder sin una contribución intrínseca del propio cuerpo, una transición interna. Si lo quisiéramos describir en términos de frecuencia, lo llamaríamos un cambio de fase. Las tres leyes de la mecánica se pueden resumir en la sola idea de que nada se mueve sin que otra cosa lo mueva; pero el tercer estado de reposo nos dice que incluso puede darse una aceleración sin que un cuerpo perciba efecto alguno. Las leyes de la mecánica clásica nunca han podido describir el movimiento como un proceso, e incluso para las viejas paradojas de Zenón se ha recurrido a series infinitas que difícilmente pueden tener lugar en la naturaleza.

Lo que un ejemplo como este nos muestra es que, sin una explicación de la inercia, los cuerpos siguen siendo sombras y los movimientos que se les atribuyen, fantasmas, por más que se trate de espectros con medidas muy precisas. Igualmente inocuo resulta el concepto de interfaz, mientras no exista nada concreto "dentro" de los cuerpos con lo que las medidas externas puedan interactuar. En conformidad con los tres principios, todo se desliza en el vacío, y es ocioso buscar cualquier forma de contacto, que esos mismos principios prohíben. Con la suposición de la inercia comienza su carrera la mecánica, y sólo con su explicación coincidiría su cumplimiento y su final.

Incluso los científicos y estudiosos que reconocieron los argumentos de Goethe sobre los colores, su significación y su valor, se han quejado de uno u otro modo de que tales ideas sean del todo inútiles para las predicciones cuantitativas. Nunca ha habido ni habrá otra razón para desestimarlas. Al mismo poeta las razones cuantitativas le importaban bien poco, aunque no dejó de esperar que algún futuro Lagrange pusiera orden sobre un material que todavía hoy se resiste a cualquier intento de formalización. Tal vez lo mejor sea dejarlo todo como está, pero uno nunca dejará de preguntarse cómo se las arreglará la verdad para resultar siempre tan inútil. Invertir la pregunta es demasiado fácil, aunque lo interesante sea el contexto y los detalles.

El inmenso número de técnicas espectrales disponibles, siempre en constante crecimiento, se basan en la teoría de la emisión y absorción de la luz. En la teoría presente la luz nunca interactúa con la luz, de manera que todo lo que podemos obtener son sumas de las distintas emisiones del material, que nos hablan a su vez y exclusivamente de su composición en términos de átomos. Lo que hace el ojo con la luz y los colores es justamente lo contrario, mezclarla hasta sus últimas consecuencias, aunque de una forma que según la física sólo puede ser subjetiva y aparente. Sabemos de todas formas que en la exacta y objetiva teoría física hay toda una parte que es completamente aleatoria, de manera que también sus lecturas tienen un pie puesto sobre la probabilidad. Así, las técnicas actuales pueden coger muestras de una rosa roja y su verde tallo e inferir algunas de las moléculas que la componen. Siendo tan ingenuos como la teoría de Goethe exige, podríamos preguntarnos si no podemos dejar esa rosa entera y con su tallo sobre la superficie del agua de un prisma invertido, y averiguar algo sobre la relación momentánea de sus colores mediante enfoques oportunos de la luz. ¿Averiguar qué? Más bien se trataría de mostrar de otra forma lo que ya estamos viendo, por ejemplo, que tal vez comienza a mustiarse; de mostrar que no es subjetivo lo que sabemos que no es subjetivo. Y entonces, se dirá, ¿Cuál es la necesidad?

Para los antiguos no fue el éter ningún problema mecánico, sino la evidencia de la luz y su libre difusión en el medio. Lo mismo podríamos decir respecto del sonido. Pero la ciencia moderna ha impuesto otras reglas. Muchas de ellas, tan curiosas como la que acabamos de ver y que dice que la luz no interactúa con la luz, están justificadas por los experimentos, pero también por otras reglas previas, como aquella que establece que, debido a su velocidad constante, la luz está en reposo por definición. Con todo, es la luz la responsable de los cambios en el movimiento de las cargas materiales: en esto la teoría vigente tiende a coincidir con el sentido de las apreciaciones de Goethe, que asociaba la luz con la excitación del ojo, y a su reposo con la oscuridad. La descripción cuantitativa se ve obligada a separar luz y materia en compartimentos estancos, relacionados sólo por absorciones y emisiones espontáneas y harto misteriosas; el esbozo de teoría del color de Goethe nos habla de la interacción entre las luces y las sombras, y, paralelamente y en virtud de los instrumentos empleados, de la interacción entre la materia y la luz.

Puesto que se observa la separación arbitraria de marcos de referencia, cabría imaginar algún experimento que burlara esa división. Por ejemplo, una peonza o giróscopo de cristal, o incluso lleno de agua, sometido a impactos oblicuos con condiciones inerciales anormales y atravesado por haces de luz. Seguramente puede objetarse que la frecuencia de giro no sea de un orden comparable a las frecuencias propias de la luz; pero en cualquier caso pueden diseñarse diversos experimentos más o menos complicados con una misma intención, sin olvidar que las mismas cargas ya suponen los giróscopos más rápidos y diminutos. Como los propios físicos comprueban a diario, hay un campo casi ilimitado para los efectos no lineales en una especialidad tan presuntamente lineal y ordenada como la óptica.

Un vórtice o un giróscopo nos muestran que, además de movimientos de traslación y rotación, que implican velocidades y aceleraciones, existen movimientos de torsión que no deberían reducirse a los primeros. Podemos hacerlo, como se hace rutinariamente en los procedimientos, pero perdiendo la dependencia temporal que es esencial para el fenómeno. Por motivos análogos a los que nos plantea la paradoja del tercer estado de reposo, resulta del todo necesario introducir la idea de torsión como un cambio de fase interno o como giro intrínseco con un efecto externo si queremos superar el dualismo del planteamiento convencional; pero la física no parece nada dispuesta a pagar ese precio, por que no quiere que sus leyes dependan en absoluto del tiempo. Uno puede entonces preguntarse con qué intención y qué derecho se habla tanto en física del tiempo y sus misterios, cuando la física misma existe y llega a sus predicciones justamente con su supresión. Si bien, por lo que parece, nunca se acaba de matarlo.

Del viejo problema de la cuerda vibrante de Pitágoras surgió el análisis armónico moderno, por medio del cual hoy es posible descomponer en frecuencias las vibraciones del sonido y el color. La idea fundamental, de tan simple, parece casi pueril: producir cualquier curva dada sumando ondas de seno con distinta amplitud. Otra cosa fue demostrar que esto era posible a lo largo de distintos intervalos, lo que llevó a los matemáticos cerca de un siglo. El análisis armónico se mostró especialmente pertinente para señales que se propagan en un medio homogéneo, como suele ocurrir en los casos citados; más allá de eso, y en la medida en que existen dependencias y ligaduras desconocidas, pasa a convertirse en el oscuro arte de las series temporales, un procedimiento discrecional para arrancar alguna información relevante a lo que de otro modo sería una caja negra más o menos completa. Con diversos asistentes, el análisis armónico se convierte en la herramienta estadística por excelencia. Atraviesa la mecánica cuántica, y el mismo principio de incertidumbre, considerado a veces como ley irreductible de la naturaleza, es tan sólo una consecuencia de los límites técnicos de resolución que el análisis armónico impone sobre las curvas experimentales observadas.

Dentro del reino de la cantidad, el último reducto de los arquetipos son los números enteros, de los que los números primos constituyen su espinazo. Y dentro de este mundo hay una función especial, conocida como función Zeta, que establece una dualidad entre la secuencia infinita de los números primos, sujeta a todos los caprichos imaginables y otros muchos por imaginar, y una línea en el plano complejo cuyos ceros tienen un valor real exactamente igual a la mitad de la unidad. La hipótesis de Riemann, descubridor de este continente, conjetura que todos los ceros no triviales tienen ese valor real, pero nadie ha sido capaz de demostrarlo. Podría pensarse que estamos sólo ante una más de las interminables sutilezas del universo matemático, pero la citada función se distingue por un género de universalidad siempre insuficientemente comprendida. Su origen está en la llamada serie armónica, que genera los armónicos o tonos superiores de una cuerda vibrante. Cuando se forma un vacío entre dos placas neutras paralelas, la suma de los niveles de energía de ese vacío se corresponde también con la función Zeta, y por razones enteramente análogas a las de la cuerda vibrante. Por añadidura, cuando se intentan calcular los niveles de energía en un campo entre un número indefinido de partículas, la configuración de valores obtenidos tienen un sello idéntico al de la función, que versa sobre el más intangible de los aspectos de la matemática pura. Curiosamente, esas configuraciones, conocidas como matrices aleatorias, fueron descubiertas por otro de los promotores de la "extraña teoría de la luz y la materia." Pero el carácter infinitamente diferenciable de la propia función zeta nos confronta con el misterio de que los niveles discretos de la teoría cuántica parecen tener un equivalente continuo absoluto. ¿En qué aguas y sobre qué superficies tienen lugar semejantes reflejos? En la historia de la ciencia moderna son tan frecuentes estos contrapuntos, que uno no puede librarse de la impresión de que cualquier cosa de la que se habla en el aula principal resuena en otra cámara misteriosa a modo de burla o gratuita travesura.

La función Zeta bien podría estarnos hablando de la cara oculta de la luz; y tampoco deja de ser curioso que Riemann, ante todo un formidable geómetra, estuviera convencido de que es el espacio el que se precipita en las partículas como en su vacío natural, y no al contrario. Pero desde un punto de vista general, son otras las cuestiones implicadas. La función Zeta parece ser la relación más simple y profunda que pueda haber entre sumar, que es contar, y multiplicar; como también entre lo finito y lo infinito, lo continuo y lo discreto. El acto de contar números, que configura a la aritmética, es irreductible y sintético, frente a cualquier intento de construirlos lógicamente, que nunca irá más allá del argumento circular; a diferencia de los problemas y objetos de cualquier geometría, que siempre podrán ser abordados por el análisis. La Zeta plantea entonces una equivalencia entre el plano intuitivo, sintético, y el plano analítico; demostrar la hipótesis equivaldría a poder reducir el primero al segundo, y eso parece imposible, puesto que el análisis siempre será un producto derivado y elaborado de elementos previos. La utilidad de una hipótesis indemostrable muy bien podría ser nula, pero no así su valor: nos invita interminablemente a mejorar el filo de nuestra discriminación, en vez de hacernos creer que todo, y nuestra intuición incluida, pueda ser reducido por el análisis al nivel de un pulvísculo infinitesimal. Sin embargo, y para no dejar de pagar nuestro tributo a aquellas viejas categorías filosóficas, tal vez no sea del todo vano decir que aquí lo sintético no es necesariamente a priori, ni lo analítico, sólo posterior. Hoy los números son computados de manera automática por el ordenador; mientras que el análisis siempre es capaz de proponer nuevos objetos, redefiniendo el filo mismo de la intuición. La propia función Zeta y su hipótesis parecen sugerir, por el contrario, que ambos planos coexisten en la eternidad, penetrándose mutuamente sin mezclarse.

Los problemas asociados a la dinámica del punto orientado con inercia son tal vez la forma más directa de preguntarnos por las formas de la intuición dentro de los ámbitos de la física y el análisis. Incluso puede decirse que, si fuéramos capaces de entender de forma clara y distinta la inercia, el resto de propiedades físicas se nos harían transparentes como por añadidura: pues precisamente es la inercia lo más refractario a la intuición y descripción, y tanto en el plano de la ciencia formal como en el de nuestras experiencias inmediatas. ¿Y acaso comprendemos la inercia en nuestro propio cuerpo físico? ¿O en nuestros pensamientos? Algo sabemos de ella, pero aquí el conocimiento rara vez supera el grado de una oscura familiaridad. Y desde luego que hay grados: una bailarina conoce de primera mano el tema bastante mejor que el común de nosotros, y no por ello deja de apreciarlo agudamente también en los demás.

Podemos representarnos o simular los movimientos de un punto orientado con estos grados de libertad tanto desde fuera como desde dentro. Si desde fuera, pronto surgiría la tentación de utilizar todos los atajos de las sustituciones algebraicas para llegar a resultados conocidos. Si desde dentro, intentaríamos respetar desde el comienzo esos principios exigidos por el simple respeto a la realidad, como la unidad de tiempo, espacio y movimiento, por no hablar del principio de homogeneidad de las proporciones. Intentaríamos, en suma, ponernos en el lugar de ese punto cumpliendo todos sus requisitos. En principio, no hay nada que impida al actor ver sus actos mientras actúa; lo que no sabemos es si puede contemplarse a sí mismo mientras tanto. Esta sería la línea de horizonte que dibuja una investigación de este género, porque no a otra cosa puede apelar, finalmente, la intuición. Damos por supuesto que esta intuición es única, y que sólo por los perfiles del objeto diferenciamos entre intuición formal, matemática, estética o de cualquier otro tipo.

Incluso desde el punto de vista más general o algebraico, el sistema de un punto con diez grados de libertad puede encontrar toda suerte de dificultades de orden matemático, empezando por la ausencia de soluciones o las soluciones divergentes y múltiples. Parece muy poco probable que puedan despejarse estas dificultades sin recurrir a nuevos ajustes y medidas arbitrarias. Para nosotros, ya ha quedado dicho, el interés reside en el acercamiento opuesto, entre otras cosas, por que ha sido el menos practicado, e incluso porque se lo ha ignorado deliberadamente a cambio de predicciones. Aun cuando su capacidad de resolución fuera terriblemente limitada, nunca dejaría de acercarnos a las cuestiones más interesantes. Cabe suponer, por otro lado, que ambos extremos son más complementarios que incompatibles mientras no se confundan sus propósitos respectivos. En la medida en que no nos resignemos a soltar el cabo que nos lleva a descripciones completas y concretas, pueden emerger inesperados jardines para el lógico y el matemático —y no sólo para ellos. El criterio a seguir no puede ser más simple: si la razón ayuda a clarificar la intuición, sus argumentos son bienvenidos; si la intuición tiene que sacrificarse a la razón, hemos dado un paso atrás.

Los principios apuntados bastan para distinguir suficientemente a qué se refieren una y otra.

El hombre de ciencia moderno, aplastado por la lógica del reloj de cuco, buscó otros lugares para su esparcimiento. En el fondo, todo el mundo sabe que la física apenas tiene algo que ver con nosotros, excepto —y no es poco— por la multitud de aparatos que ayuda a poner a nuestra disposición. Cualquier comportamiento predecible se traduce en un sistema reversible, y sólo los procesos reversibles pueden optar a la categoría de física fundamental. Puesto que la física ha ignorado cualquier contacto con el tiempo local, salvo en aquel delicado perfil que aparece recortado por sus predicciones en otra clase de tiempo totalmente distinto, es natural que ese mismo tiempo incógnito e ignorado acuda en nuestra ayuda para dar cabida a todos los contenidos inexplicados, que ahora caerán generalmente bajo el amplio rubro de la contingencia y la complejidad. Para rellenar el hueco pavoroso surgió una nueva teoría de la evolución y de la selección natural que aspira a ser el complemento de la versión mecanicista del mundo. El problema es que el mecanicismo nunca ha existido como tal, salvo en nuestra imaginación, y la propia física es la que ha se ha negado a definirlo. Intuyendo con acierto que en realidad no hay contacto posible, sino sólo superposición, quedan abiertos para el evolucionismo infinitos grados de libertad y vaguedad. Para compensarlo, quedan a su disposición toda una miríada de objetos particulares, desde las enzimas a los dinosaurios. Lo que es más importante, queda el privilegio de dotar de un sentido a un conjunto virtualmente infinito, la abigarrada quintaesencia de lo museístico. Existe un inmenso trabajo colectivo de paleontólogos, antropólogos y bioquímicos, pero sabido es que semejante aluvión de datos sólo puede conducirnos desde la perplejidad creciente hasta la más completa afasia. La presente teoría de la evolución pretende que todos esos datos mudos hablen al unísono.

Se dice, además, que la teoría evolutiva ha abierto a nuestra contemplación la idea de un mundo en perpetuo cambio; pero en ningún lugar mejor que aquí se ve la maniobra de suplantación. La observación del devenir y el cambio incesante en lo perceptible y concreto ha sido norma y no excepción. De hecho y por definición lo que percibimos son los cambios. Pero sólo en los tiempos más recientes hemos pasado a pensar y hablar de los cambios que no podemos percibir ni comprobar, como lugar de la actividad decisiva y sustancial. En esto parece consistir el principal adelanto, avance que por lo demás sólo se logra a costa de despreciar o ignorar los cambios momentáneos y evidentes: la única "evolución" que puede tener algún significado para nosotros.

Tratando sobre predicciones, la física se ocupa de seleccionar determinados perfiles del comportamiento futuro de un sistema, pudiendo siempre ignorar diversas condiciones presentes. Pero la teoría evolutiva mediante la llamada selección natural nada tiene que ver con las predicciones, sino, por el contrario, con reconstrucciones del pasado que no han de satisfacer ningún principio definido de continuidad. Y como toda actividad de reconstrucción, su única utilidad sólo podría residir en la selección y justificación del presente.

Un hecho no deja de ser extraordinario. La amplísima y completamente indefinida teoría de la selección natural no tiene ningún punto de contacto con la mecánica, y de ahí que se considere un suplemento; sin embargo, si existe un contexto en el que adquiera pleno sentido y expresividad, no es otro que la evolución de las máquinas creadas por el hombre —la evolución de los modelos de automóviles, de ordenadores o aparatos de radio. En semejante contexto, palabras como evolución y selección contienen una verdad innegable. Pero está fuera de dudas de que aquí selección y diseño —propósito— trabajan al unísono, no siendo posibles el uno sin el otro. ¿Puede desligarse realmente la teoría de la selección natural de la finalidad? Sus defensores ponen todos sus esfuerzos en ello, también con un solo fin — presentarse como observadores imparciales, supuesto requisito de respetabilidad. Pero este es otro de los cómicos malentendidos nacidos de la superposición de planos, puesto que la mecánica es un planeta que nos presenta dos caras, una desconocida, y otra que coincide aparentemente con nuestros aparatos, diseños, y logro de finalidad. No es ningún secreto, por otra parte, que la fuente de inspiración del más reconocido promotor de la selección natural fue la crianza de animales domésticos. Dentro del marco de las teorías científicas, no entendemos nada sino lo que creamos, y es ridículo pretender lo contrario. Incluso cuando se investigan los genes y las moléculas biológicas, no se hace otra cosa que preguntarse sobre su finalidad. Lo único que apoya de forma genuina a la idea de selección natural es negado con ferocidad sorprendente por sus defensores, y uno puede preguntarse a qué responde tamaña negación de la evidencia.

Los dos requisitos básicos para que la teoría de la evolución adquiera sentido son la superposición de planos que no entren en contacto, y la distracción de la atención de la actividad comprobable; ambos se sostienen mutuamente, y no deja de ser notable que sean las mismas condiciones que rodean los efectos en el mundo del ilusionismo. Por lo demás, superposición de planos y distracción de la atención son también las condiciones ideales para esa fuga de la imaginación que desemboca en lo que llamamos fantasía. Aquí radica la fuerza más irreductible de la teoría, refractaria a toda crítica e imposible de subestimar. Esto parece haber sido suficiente para que la ciencia se sienta autorizada a confiscar cualquier contingencia en nombre de la Venerable Madre Naturaleza, en realidad la ampliación máxima de un campo experimental para el que no pueden existir las reglas. No sabemos quién se adueña de la Contingencia, si azar y necesidad no entran ni por un momento en contacto, salvo en el sujeto del experimento, y en las condiciones más ajenas al pretexto que anima a algunos a experimentar. La autoproclamada otra mitad de una mitad desproporcionada nos da la justa medida de las circunstancias.

Azar, complejidad, e información son los comodines más habituales para justificar la aplicación a discreción de unas nociones evolutivas que no pueden ser más vagas; además, por supuesto, del tiempo. Azar viene a significar aquí ignorancia, la complejidad es la ignorancia elaborada en distintos grados, y el término información suele referirse al cómputo de la complejidad y el azar. Ya se vio que la información requiere filtros para llegar a hacerse unívoca y por lo tanto útil, además de mecanismos explícitos. Información es otro sinónimo de diseño y finalidad, aplicado en este caso a cajas negras de enormes dimensiones. La finalidad presupone la intención, y la intención, que las distintas partes admitan ser organizadas con distinta finalidad. La biología molecular comprueba ahora, por ejemplo, como de un mismo gen salen un buen número de proteínas diferentes; pero en realidad, los procesos de reaprovechamiento en función del contexto parecen ser la norma, más que la excepción. En el fondo, la teoría evolutiva parece tener bien poca confianza en el cambio. Por otro lado, una máquina es la imposición de un diseño con una finalidad sobre unas partes inertes; intención e inercia deben coincidir en una serie de aspectos, mientras que en otros ambas partes tienen libertad. Para los aspectos en que coinciden, donde empieza la intención, termina la inercia, y viceversa. A la inercia pertenece, por lo demás, la parte de memoria de la máquina que no hemos diseñado, y que se muestra a lo largo de su uso en forma de deterioro. La mera inercia es por tanto clara portadora de memoria, generando además procesos irreversibles. Si la inercia y la intención son contrapartes, es fácil suponer que la naturaleza emplea al menos la inercia con más destreza que nuestras máquinas, que sólo se ocupan, como la propia física, de algunos de sus aspectos a expensas de los demás. Finalmente, la propia evolución consiste en la superación de la inercia, y la inercia presupone el contacto con algo de otro orden diferente, que como la misma inercia no puede hacerse explícito dentro de la mecánica y sus leyes. No puede ser ninguna clase o suma de fuerzas, porque a estas siempre cabe definirlas con respecto a la inercia de manera enteramente recíproca. Con mucha mayor probabilidad, ese algo sería algo de un orden a la vez homogéneo y distante con lo que nos dicen las leyes; ese algo sería del mismo orden que nuestro propio pensamiento e intención.

Algunos investigadores han demostrado que basta con considerar cargas materiales orientadas como si fueran relojes locales para describir su ralentización de forma explícita y sin necesidad alguna de conceptos vacíos tales como la dilatación temporal relativista. Una mejor descripción local implica siempre un carácter más dependiente o condicional, y por eso, en un problema como éste, existirán otros casos en que los relojes no se retrasan. Lo que debería rendir la dinámica del punto orientado es justamente una descripción local de la inercia, el espacio, el movimiento y el tiempo, y además, de sus posibles interrelaciones. Esto parecería demasiado pedir, si bien no es necesario recordar que las únicas leyes naturales que podemos llegar a conocer con pleno rigor son aquellas que se dejan reducir al ámbito de lo infinitesimal. En lo infinitamente pequeño caben para la mente del hombre muchas certezas, puesto que cuanto más reducimos la escala, más probabilidades tenemos de encontrar formas de cambio continuas y lineales; mientras que en el mundo de lo grande todo se degrada sin remedio hasta el rango de las observaciones y las conjeturas. Lo infinitesimal es para nuestro entendimiento a la vez derecho irrenunciable y exigencia, que ninguna de las llamadas leyes fundamentales suscribe. Pero no es preciso engañarse, y la aplicación del cálculo infinitesimal a los procesos físicos no es sino una aproximación a la nada, sólo que por partes, y tomando a lo largo de esa aproximación objetos alternos que momentáneamente parecen negar la continuidad. Esto ayudaría a entender por qué la India conoció el análisis antes que los occidentales, aventajando en el concepto básico no sólo a los matemáticos del Diecisiete, sino también probablemente a nosotros.

En física el sueño de la descripción infinitesimal se estropea con el problema de las llamadas "altas energías". Una mayor resolución en el espacio y el tiempo implica energías más altas; siendo la energía potencialidad de movimiento, las energías más altas conllevan mayor posibilidad de movimiento y más grados de libertad. Para complicar las cosas, a medida que aumenta la energía nos aproximamos al llamado nivel fundamental, que no es otro que el nivel de energía del vacío exigido por el principio de incertidumbre; en la medida en que se progresa en dirección al fondo, más tiende a confundirse ese fondo indeterminado con la propia localización. La naturaleza no parece oponer resistencia a cualquier nivel en los experimentos, pero las matemáticas sí, y hasta tal punto que cualquier avance en dicha dirección implica necesariamente nuevos saltos sobre la realidad con forma de grados superiores de abstracción. En el fondo mismo estaría la abstracción total, correspondiendo a un vacío de significado perfecto, además del vacío operativo. Este es el precio que hay que pagar en la descripción del mundo como posibilidad de movimiento externo. Y ciertamente no parece lo más apropiado buscar la otra mitad con medios idénticos a los que han llevado hasta este extremo; el movimiento mismo es la piel de la naturaleza, que nos habla como por enigma de otra cosa.

Pese a los continuos alegatos para demostrar lo contrario, el entendimiento del mundo físico no ha cambiado nada desde que Kant se propuso interpretarlo. Puesto que todo lo que vino después sólo apareció burlando todas y cada una de las exigencias del conocimiento intuitivo. Las cosas de este mundo siguen deslizándose en la pura nada, y todavía estaríamos convencidos de la célebre "cosa en sí" si no hubiéramos llegado a creer, contra toda lógica, que podemos llenar su vacío con palabras como azar, complejidad o información. O incluso con dilataciones temporales y curvaturas del espacio-tiempo que han surgido precisamente para mantener intactas las condiciones del sincronizador global, el gran metaprincipio de la física newtoniana. Ignorar todo esto ya es haberse perdido demasiado en un bosque gratuito de apariencias y palabras: porque si hay aquí algo definido y exigente, es el estilo de leyes que por encima de todo se quiere conservar. El dualismo que Kant ya caló en profundidad seguiría completamente vigente sino fuera porque, antes que renunciar a la búsqueda del nóumeno, se ha renunciado a la idea de unidad.

Puesto que el mundo físico sigue existiendo en una cámara de vacío, la dimensión del idealismo trascendental no puede dejar de tener ecos en el hombre de ciencia, y en todo aquel que se pregunte qué tiene que ver con él esa extraña telaraña de conocimiento que lo envuelve sin llegar nunca a tocarlo en lo particular. En este punto parecería tentador plantear un paralelismo entre los dos planos kantianos por una parte y las tres dimensiones de traslación y las tres de rotación intrínseca, con sus grados de libertad "internos"; pero si Kant postuló un objeto trascendental, precisamente por haberse obligado a aceptar las leyes de la mecánica como una realidad empírica, la problemática del punto orientado terminaría por movilizar unas demarcaciones bien diferentes. Basta introducir el tiempo como grado de libertad adicional en los movimientos para ver hasta qué punto puede complicarse todo. Un modelo así no se caracteriza precisamente por la pobreza de posibilidades.

Las dificultades de llevar estos planteamientos geométricos más cerca de los problemas físicos son vagamente conocidas desde que algunos grandes matemáticos comenzaran a tratarlas un siglo atrás. Se trata de problemas todavía muy abiertos, en los que no dejan de producirse progresos. Sin embargo, nuestro interés debería centrarse en intentar saber hasta qué punto la complejidad de esta dinámica se deja reducir a la intuición pura y simple. O también, en sentido contrario y prescindiendo de la reducción, qué elementos pueden generarse desde la descripción simple y completa del movimiento, la orientación y posición. Resulta innecesario aludir al paralelismo de este enfoque con la problemática kantiana, e incluso temas tan famosamente oscuros como el del esquematismo trascendental que habría de mediar entre la sensibilidad y el intelecto pueden adquirir aquí una nueva y muy diferente luz.

En una alianza del todo inesperada con la filosofía evolucionista, la física termina por remitir todos sus problemas pendientes al pasado, hasta el punto único y sin dimensiones de una gran explosión, o una inflación equivalente y no menos gratuita. Operación especulativa en gran escala, que más que estar compelida por las observaciones, sirve para ajustar a éstas al marco del mínimo cambio posible de las leyes. Es decir, aquí el marco "evolutivo" existe para que la ley permanezca constante y una con el presente, si bien siempre habrá que hacer un buen ajuste de los parámetros necesarios. Pero ya se deja ver que cualquier teoría de la evolución, su peculiar forma de "selección", sirve justamente para eso. Por otro lado, no existe una sola teoría cosmológica de la explosión, sino quince o veinte escenarios con sus propias ideas sobre los ajustes relevantes. En cualquier caso, el punto cero cosmológico es ya puramente exterior y está manifiestamente al servicio de leyes conocidas e igualmente externas, por lo que difícilmente podrá decirnos nunca algo sobre nosotros. El punto o Tiempo Cero cosmológico es la puesta a punto del reloj por un relojero, mientras que el punto orientado con inercia es el torbellino en su arquetipo, en cuyo centro nosotros mismos podríamos estar.

Bastaría con describir de forma intuitiva y completa las llamadas anomalías inerciales de una peonza, para salirnos del tapete convencional de la mecánica y comenzar a analizar esta censurada, reconvenida caja negra. Si no podemos progresar en los casos más simples, sería ocioso pretender que casos más complejos pueden brindar un material directo para la intuición. Definiendo y localizando el origen de la inercia —de los distintos tipos de inercia—, estamos concretando y redefiniendo la mecánica; pero, a la vez, estamos también entrando en otro dominio diferente e incógnito.

La geometría afín con la que se ha intentado tratar estos problemas, bien que de una forma indirecta y algebraica, es independiente de las nociones de origen de coordenadas, longitudes y ángulos. Como intermediaria entre la geometría proyectiva, puramente cualitativa, y las geometrías basadas en la medida de la física, supone igualmente un puente natural, bien que extraordinariamente amplio, entre los aspectos netamente intuitivos y la infinidad de compromisos que impone el dominio de la medida. Las medidas físicas no sólo suponen el compromiso con lo experimental, sino también variados arbitrajes de la razón —razón y medida son términos elementalmente equivalentes. Las relaciones entre las propiedades que no dependen de la medida y las que dependen de ella siempre son interesantes, especialmente cuando se ven involucradas propiedades fundamentalmente inextensas, como la inercia o la masa. Puesto que en última instancia seguimos sin conocer ninguna ley física de forma completa, local o infinitesimal, cabe preguntarse en qué grado el mismo derecho a una descripción infinitesimal completa se deberá justamente a la independencia de la medida. Por otro lado, intentar describir el tiempo de forma local a través de la orientación y la inercia ya supondría reestructurar el concepto entero de la medida; puesto que, incrustado sin solución en los números, es el tiempo en definitiva el que mide todo lo demás —si bien el tiempo absoluto como sincronizador universal ha invertido esta situación en beneficio del espacio y formas de medida subordinadas. En las antípodas de la mecánica, un esbozo de teoría de los colores como el de Goethe ciertamente nada tiene que ver con una descripción infinitesimal, puesto que ni siquiera es una concepción cuantitativa; pero por ello mismo, entraña una "teoría" independiente de la medida, continua por añadidura. Es decir, su independencia de la medida no hace imposible que se puedan derivar de ella teorías de la medida propias. Lo que brindaría formas de conectar y comparar fenómenos, e igualmente, de desnaturalizarlos.

A veces olvidamos que lo primero que implicaba la revolución copernicana al poner el Sol en el centro del mundo era la elección, ya mucho antes de Galileo, de la inercia como la base del sistema de referencia. A los antiguos esta propiedad no podía parecerles esencial, a pesar de que diversos astrónomos identificaran este mismo marco siglos o milenios antes; y de ahí que tales reconocimientos no prosperaran. Si con la hipótesis de la inercia comienza la época de la mecánica, nuestra incapacidad para describirla o concebirla coincide con nuestra impotencia para gobernar su incontenible dinámica expansiva, la más animada y concreta expresión de su propia inercia interna.

Una prueba de toque para saber si la dinámica de un punto orientado permite abrir la caja negra de la inercia es comprobar si la descripción que hace posible de anomalías inerciales como las de un giróscopo es más directa, simple e intuible que las artificiosas explicaciones de la mecánica clásica para tales fenómenos. Con todo, ha de tenerse presente que una descripción explícita o completa entraña contemplar un número mayor de condiciones, y esto parece bastante reñido con la simplicidad. El mismo significado de los criterios de simplicidad y carácter intuitivo podría tener aquí un punto de inflexión, puesto que de lo que se trata es de que la propia inercia, que nos parece el más simple de los postulados de la dinámica, ha ser una propiedad relativamente compleja para que sea posible detallarla —no es concebible otra posibilidad. Pero es que además estamos totalmente justificados para pensar que se trata de un fenómeno complejo, toda vez que somos capaces de distinguirla al menos en cuatro modalidades diferentes —de traslación, de rotación, centrífuga y de Coriolis—, por no hablar de sus interacciones. La propia fuerza o deriva de Coriolis, la misma que origina la dirección de rotación de los ciclones en la atmósfera, es ya tanto un fenómeno complejo como un generador de complejidad. En cuanto a las máquinas creadas por el hombre, esencialmente basadas en la rotación de los componentes móviles, se dan toda suerte de efectos inesperados e incontrolables debidos a los acoplamientos posibles de rotaciones en planos variables, como saben perfectamente los ingenieros y aun los conductores de motocicletas.

Visto en retrospectiva, parece enteramente inevitable que el planteamiento inicial en los comienzos de la mecánica, de Copérnico a Newton, encajara la inercia en los movimientos externos de los planetas, e ignorara el movimiento intrínseco de éstos en torno a sí mismos. Inevitable, si asumimos que la inercia es por derecho propio un proceso complejo, que debía quedar reducido a simple hecho inexplicado en la definición de los principios. Pero hoy es imposible conformarse con eso. Intentar definir la inercia equivale a concretar el significado de los fenómenos físicos y mecánicos; intentar ignorar su carácter complejo, es lo mismo que querer expandir indefinidamente el dominio de la física diluyendo irremediablemente su significado, y sustituyéndolo por un sentido o dirección externos a la propia física como puede ser el caso de la cosmología evolutiva partiendo desde un punto o tiempo cero. Parece muy difícil engañarse al respecto.

Si contemplamos la inercia como complejidad, incluso como la semilla de lo complejo, comenzamos también a sospechar otro espejismo del que siempre hemos formado parte. Si al principio partimos de la idea de que un punto orientado podría, concedidas las circunstancias y grados de libertad, generar las propiedades de la inercia, la sustantividad misma del mundo material, pronto empezamos a entender que, en la misma e idéntica medida, ese mismo punto pierde progresivamente su carácter ideal, hasta convertirse en un vórtice o torbellino extraordinariamente difícil de enfocar. ¿Es el punto el que genera el vórtice o es el vórtice el que quisiera enroscarse en torno a un punto? Una difícil pregunta, si se piensa que el punto del que hablamos muestra, sin necesidad de grandes artificios, grados de libertad que siempre admiten ser considerados como internos, y de ahí la posibilidad misma del vórtice. Ocurre que seguimos teniendo dos contrapartes —sólo que ahora admiten ser conectadas, reduciéndose su estudio al estudio de su conexión. Pero si la inercia es una parte, ¿Cuál es la otra parte? ¿Y cuál la conexión?

Contemplar la inercia como complejidad y contemplarla como un hecho exterior son un solo y mismo acto. Llega a ser un hecho externo tan sólo en la medida en que se hace un fenómeno extenso; lo ignoramos todo sobre esa medida o sus grados variables y por definir. Sabemos, por el contrario, que las fuerzas nos sirven para descripciones extensas, y que la fuerza es por definición recíproca de la masa, una forma inextensa de cuantificar la inercia. En cualquier teoría física del campo estos dos son los elementos primigenios, a la vez que tan sólo yuxtapuestos; la dinámica del punto orientado debería mostrar su continuidad. Fue por lo demás la elección relativista mostrar las fuerzas como un puro aspecto geométrico, pero esto ya era algo implícito en la teoría clásica de la gravedad. Convertir en geometría los aspectos de la inercia entraña algo completamente distinto, porque exige una definición local e independiente para el tiempo. A su vez, esa definición local implica la separación temporal entre la acción y reacción, requisito para todas las interacciones materiales, y de paso, también para cualquier procesamiento de información. Este lapso temporal del tercer principio de la mecánica equivale a decir que hay algo que se interpone entre fuerza y masa inercial. A nivel local, el tiempo mismo, en la medida que no depende de un imaginario sincronizador global, pero sí de las interacciones con su entorno inmediato, es la medida de la sensibilidad del sistema, o del entorno del punto orientado. Si fuerza e inercia en torno a un punto pueden ser variables, también la sensibilidad, el tiempo local, deberían fluctuar.

El principio de proporciones físicas homogéneas, y el de la unidad de la materia, espacio y tiempo, permiten suponer que la suma de fuerzas actuando en todo momento sobre un punto o cuerpo ha de ser igual a cero. De este modo, sólo relaciones entre fuerzas podrían medirse. Esta noción de suma cero, que parecería ser equivalente del tercer principio de Newton, es en realidad su oportuno contrapunto local. El tercer principio no precisa la acción-reacción ni en el espacio ni en el tiempo; un cuerpo en caída libre no experimenta ninguna reacción local, que hay que suponer compensada a grandes distancias por el movimiento proporcional del otro cuerpo que lo atrae. Aparte de ello, este principio de equilibrio de suma cero tiene como consecuencia inevitable el que no podamos determinar completamente un punto físico real, sino más bien una relación de su entorno; en un punto no hay, literalmente, nada. Tal vez esto ayudaría a concebir muchas otras perplejidades en torno al vacío y sus diversas incertidumbres asociadas. El vacío sería omnipresente, pero se da muy poco a poco; y quizá sea ésta la forma más "local" y gradual de atender a la pregunta de porqué parece existir algo en vez de nada.

El entorno de un punto así parece sumamente complejo, asemejándose a un haz de fibras de vectores tejiendo la fábrica de su entorno con movimiento, espacio y tiempo. Si deseamos abarcarlo desde fuera, nos vemos obligados a recurrir a equivalencias y simetrías algebraicas que obvian múltiples aspectos y por lo tanto rompen su continuidad. Entonces podemos verlo como un vórtice mecánico, una versión evolucionada de los prototipos mecanicistas cartesianos. Un acercamiento así puede llamarse, con todo derecho, racional. O bien podemos, por el otro lado, intentar situarnos en su propia perspectiva manteniendo hasta donde sea posible los ya citados principios de dependencia y homogeneidad, lo que equivale a preservar la continuidad de la representación. Este es el acercamiento intuitivo o intelectual, que el nivel de sofisticación del razonamiento actual hace parecer tan terriblemente limitado. Entre estos dos enfoques existe todo un mundo indefinido de mediaciones, y sin embargo, resulta evidente que todas sus conclusiones han sido enhebradas a distintos niveles por el intelecto. Y es que el mismo punto orientado, en su inalcanzable inmediatez, se ha convertido en símbolo por excelencia del intelecto y sus operaciones. El huso sería el intelecto, y la fábrica del espacio la rueca.

Tal vez lo más parecido que podemos encontrar a un punto orientado es el concepto indio de *truti*. En diversos textos sánscritos sobre filosofía natural se alude con esta palabra a la unidad mínima e indivisible de tiempo; pero ocasionalmente nos encontramos con que indica también una unidad tanto de espacio como de tiempo —y un *truti* es entonces una entidad completa y tan autónoma como un organismo, que compendia en su particularidad todas las propiedades esenciales del espacio, el medio y el devenir. No hay que decir que no encontraremos en toda la literatura relacionada nada parecido a una descripción matemática de tal entidad; por el contrario es el hecho de que aparezca como un concepto intuitivo, y que sea tan difícil asociarlo con cualquier marco especulativo, lo que la hace tan interesante. Nos hemos acostumbrado al cálculo diferencial e integral como la forma de describir los procesos naturales. Sin duda esta herramienta ha dado un rendimiento excepcional en muchos frentes; pero cuando se piensa en el enorme número de reglas arbitrarias que es necesario observar para que el cálculo no dé respuestas absurdas, incluso en el nivel más elemental, estamos obligados a pensar qué pueda tener que ver todo esto con la naturaleza y la vieja filosofía natural. Sabemos por lo demás que este tipo de descripciones han evitado la descripción del contacto y la causalidad como su Némesis; por unos u otros motivos, nunca se llega a la descripción infinitesimal —que habría que suponer como la única genuinamente reduccionista— de ningún proceso completo. Por eso, si nos pudiéramos permitir el lujo de olvidar la presente partida e iniciar una nueva apertura como si de ajedrez se tratara, difícilmente encontraríamos un motivo más simple y oportuno que la exploración de un punto orientado y la interacción o contacto entre dos de ellos, con su mecanismo de acción y reacción en el tiempo. Probablemente entonces, tras una indagación de este tipo, estaríamos en condiciones de juzgar con cierta perspectiva en qué medida hemos convertido el cálculo en una suerte de anteojeras, impidiéndonos una comprensión más directa de otros aspectos igualmente importantes; pocas cosas se antojan hoy tan benéficas y convenientes como esa perspectiva. Lo mismo puede decirse del abstracto armazón de substituciones algebraicas nacidas al servicio del cálculo; lo que empezó con ciertas simplificaciones aparente deseables, como la introducción no justificada de una masa constante, termina por ensombrecer la mera posibilidad de entender hasta qué punto tiempo, movimiento, distancia, fuerza o inercia puedan ser simples percepciones o perspectivas de lo que cabe medir en un instante. Los matemáticos que se tomaron el enorme trabajo de fundamentar el cálculo bien poco se preocuparon por el significado físico de sus procedimientos; luego físicos e ingenieros aplican todas estas reglas y procedimientos dándolos por seguros, aunque nadie esté en condiciones de decirnos porqué realmente funcionan. Pensemos en cosas tan sencillas como el punto extremo o de retorno de un péndulo, que ha de cambiar de velocidad en un tiempo cero; aunque ciertamente se pueden señalar cosas mucho más extrañas. Por increíble que pueda parecer, hay que concluir que muchas de esas reglas funcionan en el mundo físico por motivos que desconocemos.

Inercia, fuerza e intención conforman una relación triangular en las máquinas. Inercia y fuerza se oponen como términos aparentemente recíprocos, mientras inercia e intención se oponen como lo trasparente a lo opaco, o a la luz la oscuridad. La diferencia entre inercia e intención o finalidad es muy obvia en las malas máquinas, pero mucho más sutil en las de diseño afortunado. Parece mentira hasta qué punto esto es sólo cuestión de grado, no pareciendo haber ningún límite definido, y siendo el límite accidental nuestro grado de resolución en la propia materia. Pero ante todo es el propio uso de la máquina lo que define aquí el grado de unión y de separación. Esto ya pone en evidencia que el concepto de inercia es tan ambiguo que no puede oponerse de forma permanente a nada que se pretenda opuesto, ya sea fuerza o intención. Desde el punto de vista externo, la idea de máquina puede aplicarse con la mayor naturalidad a nuestro propio cuerpo, pero también en esto hemos llegado a límites absurdos. Desde fuera, es absurdo negar que el cuerpo sea una máquina, pero es todavía más absurdo negar que una máquina carezca de intención, puesto que no hay máquina concebible sin ella. Ahora bien, ¿cuál sería aquí el punto de vista interno? El mismo desde el que nos percibimos en nuestro mismo cuerpo y lo usamos, ese punto en el que inercia, fuerza e intención no pueden concebirse separados. Puesto que hablar de "máquinas inteligentes" es una grosera redundancia, ¿a qué otra cosa se podría estar aludiendo cuando se divaga en torno a ellas?

En un mundo en el que todo aparece triturado y digerido por la abstracción, no resulta sorprendente que la palabra "intelecto" adquiera tintes sospechosos.

Pero esto es abundar en el malentendido. A los antiguos en ningún momento les fue extraña la idea de que la naturaleza entera se destilaba desde, por y para el entendimiento; éste era su parte más "concreta" —intangible, pero tan cierta como el poso de la experiencia. Luego, desde el momento en que se afanó en recortar en la naturaleza sombras y perfiles parciales, algo quedó fuera que ya no se quiso ni reconocer. Después le tocó el turno a las ideas, que de percepciones naturales del órgano del pensamiento pasaron a ser objetos estatuarios terriblemente hinchados. Más tarde, los conceptos, las sombras más perfiladas de las ideas, fueron enrareciéndose en una atmósfera cada vez más lóbrega y pedante. Del concepto se pasó a la medida, último recurso de la razón en sus transacciones con un entorno convertido ya en campo experimental y laboratorio. En algún lugar indefinido entre ideas, conceptos y medidas, surgió la noción de representación, tan amplia como evanescente, condenada al fracaso incluso en el arbitraje de las convenciones. Finalmente, hasta el mundo de la medida nos parece demasiado artificioso y arbitrario, y la búsqueda desesperada de la inmediatez nos lleva a precitarnos sobre las cosas mismas en su postrera manifestación como objetos. También éstos llegan a ser tales sólo por el entendimiento, sólo que aquí el grado de reconocimiento parece que llega a un mínimo. Pero esto es sólo un espejismo, y nada ha cambiado en lo esencial, salvo el orden de la propia apariencia. Si el ascenso y descenso del intelecto fue tema predilecto de la filosofía a través de escuelas y generaciones, ni tan siquiera ahora sería fácil fingir que no sabemos qué es lo que podría ascender y descender, si no fuera porque otra aplicación de la fuerza y otra inercia nos reclaman.

El intelecto es la perla y núcleo de la naturaleza; lo único que llegamos a conocer de ella cualquiera que sea nuestro nivel de experiencia. Ignorarlo sería como ponerse de espaldas al Sol, y reconocerlo equivale a adquirir una distancia con la propia luz, que parece invadirlo todo. Del mismo modo que una perla tiene capas, admite el intelecto grados; si por intelecto entendemos la porción más directa del conocimiento, estudiarlo y acercarse a él es lo mismo que confrontar nuestras posibilidades de conocimiento directo. El estudio de la dinámica de un punto orientado nos indica lo difícil que es enfocarlo; cuando más nos acercamos, más parece alejarse. Y sin embargo, los haces del entorno de su movimiento parecen adentrarse en los grados de libertad internos, que tomados en conjunto se asemejan a estratos o capas. Lo que desde fuera parecen hilos conductores se convierten dentro en capas o esferas separadas; pero dirigir la atención al intelecto, convertirlo en nuestro objeto, produce un efecto similar, el de distanciarnos de él, que es lo que a su vez hace posible cualquiera de las síntesis del intelecto, el número indefinido de sus planos.

Cualquier crítica por nuestra parte a los procedimientos de la física o las ciencias naturales estaría completamente fuera de lugar; por el contrario, basta con conocer por encima esos mismos procedimientos para comprender qué es lo que se busca y qué es a lo que se renuncia. Sin embargo, rara vez se confiesa esto último, lo que es fuente de tantos malentendidos.

Cualquier vía abierta hacia el conocimiento intuitivo sólo puede ser gradual, y desde luego, no es ajena al autoengaño y los errores —como tampoco lo son los procedimientos indirectos que se alejan en la dirección contraria. Pero al menos no se renuncia a la idea de una guía interna hacia la certidumbre, una guía interna que en las ciencias formales adquiere además principios y exigencias perfectamente definidos, en absoluto esotéricos, aun resultando difíciles de satisfacer —muy por el contrario, todo lo que identificamos como "esotérico" en la ciencia moderna procede de la dirección opuesta. Pero es innecesario discutir: si no confiamos en la posibilidad de un conocimiento directo, simplemente no confiamos en la posibilidad de conocimiento, y es algo distinto lo que andamos buscando. Renunciando en su propio terreno a estas posibilidades, muchos no podrían dejar de hostigarlas en el exterior, en los terrenos más alejados de su competencia, revelando una vez más que la incapacidad para poder mirar dentro es el mayor de los acicates para no dejar a nadie en paz. Sólo porque todavía no hemos encontrado nada en la naturaleza completamente mecánico, se quiere hacer mecánica a la naturaleza entera; y no puede caber duda de que esta incapacidad de conquistarse a sí misma es la principal responsable del carácter desesperadamente expansivo de la empresa científica en su conjunto. Ahora bien, no hace falta decir que, en su búsqueda de resultados a cualquier precio —predicciones, una vez más— la deriva de la física no se ha distinguido en nada de la de otros órdenes de la vida en los mismos tiempos y plazos.

La dinámica del punto orientado es sólo un ejemplo privilegiado de cómo todavía hoy las ciencias más rigurosas y formales pueden encontrar un espacio interno en el que recombinar de manera inesperada unos métodos de análisis y síntesis que son siempre complementarios, pero que aquí pueden beneficiarse de un campo de continuidad ciertamente más intencionado. Y aunque una visión superficial dirá que aquí hay muy poco que encontrar desde el punto de vista de los principios intuitivos y completos que hemos mencionado, cualquiera que tenga un mínimo de familiaridad con las ciencias formales sabe que, de hecho, no hay forma alguna de prefijar las competencias entre el plano analítico y sintético, salvo por lo que el caso va mostrando. Mientras no se demuestre lo contrario, el interés de este caso estribaría justamente en los nuevos ángulos de incidencia entre ambos planos.

Como ya se ha apuntado, es éste un tema que admite ser tratado tanto desde posiciones completamente externas o abstractas, físicas o algebraicas, como desde las más internas, aquellas que intentan atenerse en la medida de lo posible a las formas directas de la intuición. Entre ambas hay un gran número de mediaciones y posibilidades, que pasan incluso por la simulación y exploración de esos espacios o el control de su métrica local a través del ordenador y otras extensiones. La relación con los estudios cognitivos parece bastante evidente. Puesto que tanto el límite interno como el externo no dejan de ser extremos, es de suponer que en la amplia zona intermedia hay juego para las formas más activas de la imaginación, que tendría que desempeñar un papel esencial en estos entremundos. En consonancia de forma y contenido, puede adivinarse que una pequeña comunidad que emergiera en torno a este objeto de estudio formaría pronto, igual que nuestra perla, distintas capas o esferas concéntricas con relaciones tan fluctuantes como sus irisadas luces, reminiscencia de la vida que allí hubo. Este tipo de creación concéntrica no deja de ser deseable en sí misma, habida cuenta de las dificultades que tiene la comunidad científica más consensuada para concebir distintos planos en una misma realidad. Muy al contrario, ésta última se siente motivada por la perspectiva de un único plano en el que finalmente se desenvolvería todo, y concibe las distintas realidades y objetivos con que trata cotidianamente como meras especialidades. Lo que la práctica especializada exige como diferente cabalga sobre las olas del consenso rumbo a la confusión universal de planos.

Sincrónicamente unidos bajo el símbolo de una misma manzana, Newton y Milton suenan como nombres distintos para un mismo acorde en el arranque de nuestra más reciente obertura. Suponiendo que hubiera habido alguna otra antes, cabría ver en la ciencia moderna una suerte de Segunda Caída, acaso la conmemoración de otro olvido. Las etapas de enrarecimiento progresivo del conocimiento que hemos sobrevolado se alternan necesariamente con otro proceso de condensación de objetos e instrumentos que ni siquiera para la mejor voluntad oculta su lado hostil, y ambos movimientos en su conjunto no logran evitar, más bien redoblan, la impresión de un descenso vertiginoso. Decir que la inteligencia se ha degradado y corrompido parecería, después de lo visto, más una constatación insípida que un lamento; pero esta misma constatación nos ocultaría otras realidades. El término degradación se aplica aquí sin otro sentido que cuando hablamos del juego de luz y sombras con su progresiva neutralización. En cuanto a la inteligencia corrompida, se entiende sin más que la inteligencia, sabiéndose de suyo por encima, consiente en subordinarse y ponerse al servicio de cosas inferiores a ella. Nada tendría de objetable tal servicio salvo que la intención fuera justo la contraria; de la íntima doblez y la consiguiente intrusión cataclísmica de planos resulta finalmente que la inteligencia quede encerrada en el objeto por el sólo hecho de querer tenerlo disponible. ¿Y quién es ajeno a este comercio? Lejos de ser percibido como un proceso interior, todo esto se hace vergonzosamente explícito, y el sentimiento de caída coincide con la percepción de que se trata de una exposición indecente. Otros, en cambio, serían incapaces del menor rubor.

Por dicha o por castigo, hay algo en la inteligencia que siempre permanece intacto, por más que se halle entre ruinas, escombros y detritos; el brillo de la inteligencia es su fatalidad. Si la inteligencia permanece distinguida y exenta, no existe motivo alguno para que se altere la relación y deje de continuar su descenso, disfrazado siempre con los destellos oportunos. O incluso podría no ser un descenso en absoluto. Arriba o abajo, podríamos estar en cualquier lugar para seguir nuestro rumbo hacia ninguna parte. Pero el mundo se manifiesta mientras tanto.

Nunca parece que le prestemos la debida atención a nuestras sensaciones térmicas de frío o calor; ésas, justamente, que la ciencia denomina subjetivas. Estas sensaciones responden siempre a un diferencial de temperatura entre algo interior y algo externo, algo que queda dentro y algo que permanece fuera. Con las sensaciones subjetivas del calor ocurre algo enteramente análogo a lo que ocurre con la percepción del color, que acusan una polaridad llena de matices que la termodinámica en vano buscaría en ninguna parte. Con la debida atención, estas sensaciones se extienden a las distintas partes de nuestro cuerpo, no sólo a los miembros, sino a espacios muy localizados de su interior. Y muy bien pueden no ser tan sólo subjetivas, habiendo tantas posibilidades en la fisiología y el riego sanguíneo para crear diferenciales perceptibles. Incluso mucho de lo que percibimos en el prójimo como calidez o frialdad en el temperamento, así como en lo puramente carnal, está asociado de una forma extraña con nuestras percepciones térmicas internas, y todavía más con nuestra falta de percepciones definidas. Donde más difícil resulta tener sensaciones de temperatura definidas es por debajo de nuestro propio ombligo, en las proximidades del centro de gravedad —más o menos en el lugar desde donde se expande la gestación en las madres. Significa esto que aquí vienen a confluir de la forma más indistinguible los diferenciales sumamente móviles que percibimos como sensaciones de frío y calor. Pero como el diferencial básico, del que todos los demás son afluentes, es el que se establece entre el interior y el exterior del propio cuerpo, esto implica adicionalmente que el duro centro de gravedad del cuerpo, como blanda residencia natural de la tibieza, es también el lugar en el que menos se dejan distinguir las relaciones entre lo que está dentro y fuera, entre lo que es cuerpo propio y lo meramente extraño; la sensación de tibieza y la de difuminación de los límites son completamente equivalentes, e incluso admiten curiosas analogías en fenómenos ópticos de enfoque y la percepción de formas y colores. Por otro lado, este mismo lugar en las entrañas es el límite en el que parece extinguirse la percepción de los movimientos de la respiración —nuestro ciclo más elemental de intercambio con el entorno—, así como la propia percepción inmediata del tono o tensión corporal; y no deja de sorprender que planos tan diversos confluyan en la sola región de su ausencia común.

Hasta qué punto es este el lugar de la tibieza, nos lo muestra el hecho de que la irrupción de sensaciones de frío o de calor en esta región acostumbran a ser una señal inequívoca de peligro —son la queja de una vitalidad seriamente comprometida. En la medida en que escapa a nuestra sensibilidad, bien podría decirse que es un vacío corpóreo; y es vacío en propiedad en la medida en que suprime diferencias. Esa imprecisa y entornada penumbra conforma el punto de suma cero más amplio que nos ha sido dado experimentar y conocer, y está en el centro de nosotros mismos.

Que el intelecto llegue a sentir una íntima aversión por la tibieza no deja de ser una señal extraordinaria. El punto de vista más externo a esta singular relación nos dirá que se trata de algo natural, desde el momento en que la función del intelecto es distinguir, y la tibieza, con su ausencia de lugar, nos habla siempre de lo indistinto e indiferenciado. Pero, ¿porqué motivo no habría de ser ésta una relación complementaria?

El caso sería que, a veces, el intelecto no quiere. Busca entonces objetos externos a los que distinguir y con los que al mismo tiempo pueda sentirse distinguido, como cualquier personaje que echa de menos una vida social animada —una comparación que le resultaría doblemente tibia y enojosa, puesto que él no está dispuesto a admitir ni comparaciones ni iguales. Lo cierto es que, superficialidad incluida, la contraída aversión del intelecto por la tibieza es una repugnancia casi física. O mejor, quitemos el "casi" y reconozcámosla como física sin más. Como órgano de la discriminación, el intelecto puede tener una temperatura variable, pero característica. Su clima natural es la nívea frescura de las cimas alpinas; o incluso más fresco todavía. Se diría que, para el cuerpo, el intelecto es la patria internacional de la frescura. No así tanto la frialdad de la razón, con la que en todo caso se mantiene en términos frescos; el intelecto parece ser mucho más ajeno a cualquier sensación térmica sin necesidad de afectar el rictus de la congelación. Del mismo modo, el fuego y las erupciones volcánicas tampoco son su elemento, y aun con todo, él los siente por completo dominados; para él, o para ella la inteligencia, la suma de fuego y hielo sigue rindiendo el plus incomparable de frescura que los caracteriza, con el añadido milagro de no pasar en punto alguno a través de la tibieza, ni tan siquiera a su alrededor. Todos quisiéramos vivir en climas así, y de hecho todos vivimos en tales climas en cantidades variables de tiempo e intensidad. Si no lo notamos y ni tan siquiera somos capaces de percibirlo, debe ser por motivos análogos a los de no percibir el centro de nuestro cuerpo; análogos, pero de algún modo inversos. Y en efecto, el intelecto radiante, este gran turista, insensible a su propia temperatura, busca siempre recrearla en los objetos de su predilección —le gusta determinar los extremos. Se puede llegar a creer que esa temperatura peculiar, esa frescura imaginaria, nada tiene que ver con sus funciones, pero en realidad bien podría ser la determinante de la modalidad de contacto con que opera a cada instante y que define sus objetos y planos. Sea como fuere, a esta nueva y contraída inteligencia no le haría mucha gracia que le palparan sus fondos con un termómetro en mano; el mero hecho de tratarla como un objeto material ya rebasaría todos los límites; El-Ella o Ella-El prefiere mil veces que lo contemplen como el más esplendoroso resultado de la lógica simbólica, que, además de ser lo bastante rígida e inepta como para no llegar a nada, es al fin y al cabo una producción subalterna de la casa.

Si la aversión del intelecto por la tibieza no es otra cosa que su aversión a reconocerse como naturaleza condicionada y material, no encontraremos mejor modo de concebir algo sobre esa su sustancia inconcebible que siguiendo el fiel de esta íntima enemistad. Aunque es difícil hacerse ilusiones; el intelecto, tan amante de determinar, tendría que dejarse mansamente descender hacia el lugar donde menos puede hacerlo, y de ese descenso el observador externo sólo puede esperar signos y metáforas. Por supuesto, el propio intelecto es ese observador externo que además no quiere dejar de serlo. Mucho menos todavía quiere que lo observen, y no digamos, que lo toquen.

La separación entre el intelecto y las entrañas adoptó en los albores del mundo moderno la doble figura y los rasgos amables de Don Quijote y Sancho Panza. Sin duda podríamos haber visto en ellos algo bastante alarmante si no hubiera sido porque desde entonces figuras de una sola pieza y mucho más inquietantes se han ido sucediendo en tropel. Si la perla creciendo en las más tibias entrañas fue siempre el símbolo de la Inteligencia primera de la naturaleza, este otro intelecto caído que se niega a descender parece ya un producto refinado de la destrucción, e inevitablemente terminamos por caer en la cuenta de que su característica ausencia de temperatura moral nos brinda el arquetipo del psicópata. Y a pesar de todo, esta entidad siempre extraña ha conseguido tal familiaridad con el ambiente que lo envuelve que ha llegado a ser proverbialmente indistinguible e incógnita, rodeada como se halla de capas y más capas de sustancia afín.

Del mismo modo que en el alfabeto la línea de la letra i es casi un acompañamiento innecesario para el punto que la resume y corona, el intelecto, que parece ser la síntesis más depurada de las cosas, se halla él mismo reducido en la intención a su expresión mínima; y en ésta última y primera intención encontraría el intelecto el secreto de su pervivencia en las cosas tras la muerte ritual de la identificación. El ego, los sentimientos, las pasiones e instintos, sustancias quemadas por la luz, no son sin embargo meros subproductos de la ofuscación; y sin embargo el mayor obstáculo para reconocerlo es la incongruente autonomía que uno tras otro se ha ido predicando de ellos. El ego, el sentido mismo de la apropiación, fatalmente tiene que ser la primera víctima propiciatoria, y no se reconocerá como guiado ni cuando es arrastrado sin más por las narices.

Nuestra experiencia inmediata siempre se organiza en pares de opuestos, como dentro y fuera, frío o calor, luz y oscuridad, o cualquier otro. El conocimiento aspira a trascenderlos asumiendo su inevitable carácter organizador de la apariencia, y la ciencia los ignora desde el comienzo, decretando una realidad sin polaridades. De este modo, ni es posible la conexión con la experiencia, ni mucho menos trascenderla. Acertadamente, se asocia a las ideas en torno a la polaridad con el pensamiento ingenuo y naturalístico; pero la mente, que es incapaz de pensar en dos cosas a la vez, no deja de funcionar así ni por un instante. La noción misma de polaridad natural nos parece hoy pura simpleza simplemente porque la yuxtaponemos con el código binario del ordenador, su más extensiva caricatura. La idea de polaridad o alternancia, que implica un tiempo interno, no pretende explicar nada, pero va más allá de la mera descripción de los fenómenos; sus rastros siempre se diluyen para emerger inesperadamente en otro plano, haciendo posibles las metamorfosis.

De nada se precia más la inteligencia que de captar las intenciones de los otros; hasta el punto en que la propia inteligencia parece acabar allí donde termina la percepción de la intención de un objeto cualquiera, dándole el relevo al razonamiento o cualquier otra función. Pero, ¿y si el intelecto ni siquiera percibiera intenciones, si se limitara a superponerlas sobre aquello que percibe? Habría que preguntarse entonces de dónde vienen las intenciones. Existen algunos experimentos cognitivos bastante sorprendentes. Cuando el sujeto de prueba decide flexionar un dedo, pasan cerca de dos segundos desde que se registra una señal cerebral hasta que la mano se mueve. El potencial de preparación para un acto intencionado es un intervalo tan grande, que nadie acierta a explicarse cómo podemos realizar intencionadamente la infinidad de actividades cotidianas que nos exigen una respuesta más rápida, la conversación incluida. Se argumenta entonces que esto sólo puede explicarse por la actividad de las partes no conscientes del cerebro. En otros experimentos, se da sólo medio segundo de tiempo de respuesta, pero para cuando el sujeto anuncia que va a mover el dedo, las señales cerebrales llevaban un buen espacio de tiempo indicándolo. Estos resultados, tan desconcertantes, se han querido interpretar en términos del tiempo que la corteza cerebral necesita para elaborar un modelo consistente que brindar a la conciencia. Pero no sabemos porqué la conciencia, en lugar de los investigadores, habría de necesitar una representación para algo tan sencillo como mover un dedo, y mucho menos la supervivencia.

Siendo el cerebro el tejido insensible por definición, al carecer de terminaciones nerviosas, uno puede plantearse una ruta diferente. Nada podría percibir mejor la intención que lo más ajeno a ella, y nada más ajeno a la intención que nuestro centro de gravedad corporal. Éste, con seguridad, no necesita representaciones. No se ve ningún motivo por el que un acto puramente mecánico, incluso el más ínfimo, no haya de pasar por el centro de inercia mecánico. Pero es que, además, la única forma neta de definir una intención tendrá que ser con referencia a algo que carezca por completo de ella, y nada como la inercia satisface el requisito. Surgen dos acercamientos complementarios, aunque enormemente distanciados; sólo que aquí los papeles habituales se han invertido, y la aproximación global es estrictamente mecánica, mientras que la local es la que estudia las mediaciones fisioanatómicas y sus detalles. Esta última se halla a una distancia inmensa de poder reconstruir un cuadro completo; la primera nos daría respuestas inmediatas y difíciles de precisar, que sin embargo podemos matizar en grado indefinido.

Cualquier intención debería pivotar sobre el centro de inercia de nuestro cuerpo para llegar a ser consciente como tal. Esto se aplicaría igualmente a las intenciones aparentemente inmateriales de los pensamientos, que sólo son formas más refinadas o sutiles de lo mismo. Es curioso que en las intenciones que atribuimos a los demás captemos un indefinido fondo físico, sin llegar nunca a plantearnos preguntas concretas sobre su ubicación. Por lo demás, basta apelar al suficientemente perfilado desarrollo intelectual del niño para constatar el origen sensorio-motriz de las elaboraciones posteriores. Así pues, las intenciones tendrían un sistema de referencia, completamente físico, por añadidura. Pero sabemos que la definición de los sistemas de referencia físicos tiene un componente arbitrario tan difícil de evacuar como de desentrañar.

Si conducimos un automóvil a una velocidad constante parece que no experimentamos cambios, aunque un velocímetro lo bastante sensible nos dice que la velocidad necesariamente ha de experimentar pequeñas fluctuaciones. Pero esto significa adicionalmente cambios constantes de aceleración y deceleración en torno a un punto. Hay una fuerza de empuje del automóvil y unas resistencias de fricción del pavimento y el aire, y ambas nunca pueden compensarse mientras exista movimiento; el equilibrio precario sería la primera condición de éste. Esto viene a decirnos que en la realidad no existe el sistema de referencia inercial —y la misma inercia sólo cabe concebirla como una bola que rueda. Para la percepción inmediata del movimiento tampoco éste existe sino como aceleración, y aun dentro de ésta, algunas aceleraciones constantes como la de la caída libre tampoco son internamente perceptibles; nos queda ese enigmático tercer estado de reposo que apunta a las desconocidas condiciones internas de un cuerpo. Pero si la física privó de significado a la noción de punto espacial en reposo, al hacer equivalentes reposo y movimiento uniforme de los cuerpos, no parece que el interior de nuestro cuerpo haya hecho el menor caso de todo esto: el cuerpo tiene un criterio indudable de lo que es reposo y movimiento con independencia de nuestras definiciones de los sistemas de referencia. Y lo primero que capta su centro incondicional, mecánico, son los movimientos que preceden a una intención voluntaria y que ésta necesita para reconocerse en la conciencia como tal. Mejor dicho, ese centro acusa por igual tanto los movimientos voluntarios como los involuntarios, y sólo sobre un fondo en el que puedan coincidir podría luego la conciencia recortarse. Ésta sería su única y maravillosa predicción.

Busquemos lo más parecido a una conjunción de actuante y actuado en suspensión perfecta. Una niña sentada en un columpio en reposo aprende a balancearse sin que nadie la empuje y sin obtener impulso de sus pies contra el suelo; pocos desafíos se plantean tan espontáneamente ni son resueltos con mayor placer. Este simple hecho, la obtención de acción sin reacción del exterior, parece contravenir directamente la tercera ley de la mecánica, si bien la mecánica consigue apropiarse el hecho por medio de complicadas y dudosas explicaciones. Para dar cuenta de este ejercicio de autonomía en gran estilo, además de recurrir a las fricciones inevitables, se dice que el niño mueve los extremos de su cuerpo en torno al centro de gravedad aprovechando fuerzas centrífugas de inercia, y que toda esta sincronizada oscilación no puede conseguirse sin la contribución de la sensibilidad del pequeño sujeto —pues todo esto quedaría fuera del alcance de las máquinas y sus normas de etiqueta.

De nuevo la tremenda inhibición; es verdaderamente sorprendente que para salir de una dificultad en un problema mecánico tenga que apelarse al sujeto y a la sensibilidad. ¿Pero qué es lo que capta en este caso el sujeto, y en qué consiste su sensibilidad? Lo que capta es la diferencia entre inercia y gravedad, sin mayor intervención de fuerzas externas; la sensibilidad, por no hablar de la intención, surge de esa interacción o equilibrio variable, y no al contrario. Y si aplicáramos esa categoría completamente externa, y por lo mismo ajena al niño y su columpio, de masa, también veríamos que la masa gravitatoria y la inercial se interpenetran mutua y sucesivamente en su localización y difusión: el ajuste de una y otra, con su propio tempo interno entre acción y reacción, es a la vez ejercicio y origen de la sensibilidad. Esta chiquilla del columpio obtiene provecho de un proceso de amplificación de diferencias del que indudablemente forma parte, un proceso que ya se ha repetido mucho antes y cuyas ramificaciones nos llevarían muy lejos. No deja de ser significativo que abandonemos el dominio de la mecánica justo cuando empieza a tomar contacto con nosotros.

Nuestro columpio es sólo un ejemplo de péndulo u oscilador, la forma más vacía de la polaridad; una más entre sus infinitas variantes, que a menudo resultan mucho más complicadas. Percibir la juntura entre acción y reacción nos introduce en ese espacio de las cajas negras en el que lo finito vuelve a ser relevante, y lo mismo que se puede intentar enfocar aquí, cabe encontrarlo en tantos otros osciladores, biológicos o no, desde el pulso sanguíneo a los vórtices en los fluidos y sus signaturas de disipación. El ejemplo del columpio pone de manifiesto una contraposición y una obligada coincidencia entre masa e inercia inarticulada y masa e inercia con articulación; nos invita por tanto a definir y localizar esa articulación, que a menudo encontrará en la ondulación su forma óptima. Pero no importa como consigamos definirla, esa articulación siempre nos remitirá finalmente al lugar de coincidencia, el centro físico del cuerpo y su ineludible ambigüedad; y esa misma ambigüedad que circula en las leyes de la mecánica, para ser ignorada por sistema y poder ser rutinariamente aplicada a otras cosas, puede aquí ser finalmente enfocada.

La propia realidad física de un punto orientado permanece igualmente suspendida, y serían los métodos aproximativos o de diferencias finitas, que describen las vicisitudes externas del columpio, los que permitirían acotar su comportamiento "interno"; lo primero pues en modificarse es la relación entre lo local y lo global. Esto parece introducirnos de lleno en los métodos y jerga del control y los sistemas complejos, pero nada sería tan deseable como poder abrir un ojo en el centro de su temible opacidad. Las coordenadas externas de traslación son para las de rotación interna lo que el mero dinero para la moneda y sus frágiles, casi mágicas, prácticas en busca de la estabilidad.

Para la descripción física del movimiento, la masa es un puro concepto de intercambio, en el mismo sentido que lo es la cantidad de moneda o masa monetaria para la teoría económica. Cuando la ortodoxia económica nos dice que la inflación es un fenómeno monetario, no parece que esté expresando sino la más trivial de las verdades; si la inflación viene indicada por el nivel de precios, y el precio nos da el valor de cambio de la moneda, la tautología no puede ser más elemental. Sin embargo, una tautología de semejante calibre tendrá que calificarse desde inexacta a manifiestamente falsa en la mayoría de los casos reales, cuando se ignoran causas tan fundamentales como el uso al que se destina la creación de nueva moneda, esto es, su grado de aplicación a los procesos productivos. Algo enteramente análogo ocurre con las "anomalías" de masa o inerciales cuando ignoramos la orientación, que en este caso es también aplicación. De nuevo se evidencia que es justo cuando nos acercamos a las causas propiamente dichas que comienza a hablarse de contingencias y factores incontrolables.

Se puede optar también aquí por la distinción entre necesidad y contingencia, pero hoy nadie ignora hasta qué punto tales categorías se convierten en nudos corredizos. Aparte de su evidente dependencia del foco de interés de cada disciplina, asociamos la necesidad con las leyes simples, y el azar con la complejidad; pero ahora ya vemos que incluso tras las tersas ecuaciones de las llamadas leyes fundamentales se esconde una trama de sombras superpuestas de una complejidad no menor que la de las inelegantes matemáticas aplicadas, y todo para tener que depender finalmente de las propiedades físicas del vacío y su estabilidad — esta equiparación de lo fundamental y lo complejo es el signo definitivo de hasta dónde han llegado las cosas. El tiempo de las grandes generalizaciones productivas acaba en el mismo momento en que capacidad de resolución y de disolución quedan igualados, y eso es lo que hoy se percibe en todos los planos, no sólo en la física. Y en todos los planos ese barquito de papel de la pura contingencia termina por ser el foco de atención.

Todas las vicisitudes del columpio —las oscilaciones laterales, los cambios de fase en el balanceo, o los escurridizos problemas de la articulación del movimiento del cuerpo— han de poder remitirse a los vectores internos del centro de gravedad; deberían simplificar por tanto los aspectos más irreductibles del problema. Que las diferencias finitas o numéricas en un comportamiento errático apunten a una evolución continua sugieren una reversión de lo digital a lo analógico hecha posible justamente por la unicidad de evolución, y siendo lo digital lo meramente intercambiable. La unicidad es el hilo de Ariadna al que nos lleva la exigencia de descripciones completas, y sólo precisando tal contexto podríamos llegar a comprender cabalmente qué significa que un comportamiento sea reversible, irreversible con disipación, o dependiente del entrelazado de las trayectorias. La índole de esta unicidad sería bien diferente de la que exige la solución de problemas físicos ordinarios.

Como deja vernos el ejercicio del columpio, un punto orientado puede presentar resistencia o añadir impulso al movimiento externo, o no presentar resistencia en absoluto; de aquí que podamos conceder otro valor y otro ámbito a viejas y abusadas categorías como autonomía, azar o necesidad. La propia intención es, desde el punto de vista físico, la última de las contingencias; y sin embargo, si una intención ha de tener naturaleza física, ésta no puede dejar de encontrar su expresión natural e irreductible en el comportamiento de un punto orientado entre una acción y reacción. Esto, que es completamente obvio, debería llevarnos a ejercitar otro tipo de consideraciones. Incluso el mero hecho del columpiarse nos remite a la práctica sumamente familiar de forzar los extremos participando de ellos. Habría que preguntarse, por ejemplo, cómo este modelo orientado nos permite profundizar en los aspectos internos de la polaridad, los mismos aspectos que percibimos o dejamos de advertir en los diversos planos de la experiencia cotidiana. Precisamente por que lo llena todo, sólo encontrando un hueco dentro de nosotros para nosotros mismos podemos contemplar la polaridad; y exactamente lo mismo cabe decir de cualquier mecanismo atribuido a la naturaleza, cuyo carácter homogéneo necesariamente se nos escapa. Pero adentrarse en una polaridad equivale, al menos en un cierto modo, a adentrarse en todas.

Del mismo modo que el balanceo de un columpio se puede amplificar desde dentro, cabe invertir el proceso para frenar la oscilación más allá del frenado que conlleva la fricción. Tanto un proceso como otro nos dan, dentro de la máxima simplificación, el verdadero tiempo interno del oscilador, que describe en qué medida e intervalos los grados de libertad "internos" pueden modificar a los externos. Si el tiempo gratuito de la felicidad no se mide, sin duda ha de ser porque las propias intenciones quedan suspendidas; en cuanto al tiempo lineal que la física ha contribuido tanto a imponer, aun siendo ella uno de sus subproductos, querría suponer que ni siquiera existe el rozamiento, y dentro de él no habría forma de salirse del columpio jamás. Y si admite la fricción, tampoco ese tiempo lineal puede cambiar nada, invitándonos tan sólo a compartir la extinción involuntaria de las cosas y periodos. El tiempo interno al que ahora se alude, la medida circunstancial de su posible reposo, parece pesar en cualquier condición de suspensión: ya sea cuando queremos detener la inercia de los pensamientos, ya en las recurrencias pendulares de la historia, ya en las maniobras dentro de las coyunturas técnicas de los mercados.

Entre nuestros gemelos cojos azar y necesidad existe una Terra Incognita que no hemos explorado: nuestro propio planeta se hace eco de ella en su totalidad. Como la señalada peonza, también la Tierra es un cuerpo anisótropo, como anisótropos son los movimientos internos de sus masas semifluidas, con sus extrañas columnas y eyecciones de las que cada día se tienen más detalladas noticias —pues algo se empieza a perfilar de esta inmensa y asimétrica Fisiología. Y también aquí ha de existir una articulación o acomodación entre el centro de gravedad y las internas vicisitudes inerciales del planeta —entre los aspectos astronómicos reversibles, ya suficientemente complicados, y los aspectos tanto irreversibles como aleatorios de los diferentes estratos, que captamos indirectamente por señales, bien puede existir un dominio de especial interés que se nos escapa. Los mismos terremotos han de estar relacionados con esto, aunque, a falta de un cuadro más preciso, a la geofísica no le quede otro remedio que representarlos en el contexto de una tectónica de placas que nos daría su proyección superficial. A menudo uno se pregunta porqué los planetas pueden llegar a moverse con tan suave e infinitesimal continuidad, cuando no dejan de estar sometidos a tirones gravitatorios conflictivos y variables —pues tal continuidad se nos antoja como lo último que un espíritu atento podría dar por descontado; pero basta poner los pies en el planeta para cerciorarse de que no todo es tan continuo, por no pensar en ese interior surcado de anfractuosidades y vasos capilares, la forma más económica que ha encontrado este cuerpo para difundir el ajuste de sus desequilibrios. Esta es la exuberante y multiforme compensación de la continuidad que medimos fuera, sin necesidad alguna de salir de nuestras bienquistas leyes de conservación; y no deja de ser cómico remitir una actividad tan incesante a "procesos endógenos", cuando la física es la primera en negar la posibilidad de un espacio interno independiente. Nos estaría entonces permitido concebir un reloj tridimensional cuyas agujas serían los vectores de giro internos del planeta, pero cuya relación con el tiempo exterior, e incluso con la forma de las manifestaciones internas, estaría sujeto a problemas análogos a los que tiene genéricamente la dinámica del punto orientado para la determinación de la inercia y el tiempo. Pero el reloj habitual sirve para predecir el tiempo: el calendario astronómico es sustituido por un mecanismo autónomo mediante ruedas dentadas, o en todo caso discretas, a las que tantas cosas seguimos sacrificando. El reloj de la Tierra difícilmente puede predecir tiempo externo alguno, y bastante tiene con hacerse eco de él. Tampoco puede hablarnos mucho del pasado y sus reconstrucciones, salvo que insistamos en tropezar con los accidentes congelados; se contenta con darnos la más fiel representación del multifacético presente desde su propio y local presente especioso, que es su tiempo real. A la naturaleza, tan frecuentemente tildada de ciega y caprichosa, no le puede faltar eso que le falta a todas nuestras teorías: la inserción total en el Ahora.

La pregunta más inocua para la ciencia podría ser aquí la decisiva. Con toda probabilidad, muchos mayores serían incapaces de reproducir la petulante hazaña del niño en el columpio. Cabe entonces cuestionarse si el conocimiento más completo del mecanismo le ayudaría a realizarla. Todos sabemos que el mejor de los conocimientos, si acaso existe otro, es el que puede incorporarse o asimilarse en el cuerpo hasta desaparecer; y todavía no nos hemos planteado de la forma adecuada hasta qué punto y grado es esto posible en la esfera del conocimiento analítico. Si no es del todo impotente, nuestra conciencia debería ser capaz de invertir la dirección de los procedimientos técnicos habituales. Como la experiencia ya ha tenido tiempo de decirnos, nada hace más daño que el saber fuera de lugar.

En el vientre y sus tibias entrañas estaría entonces esa Sustancia Medi a o madreperla que el Intelecto ha tomado para sus sucesivos recubrimientos. Puede así concebirse que la inteligencia de la naturaleza y la nuestra continúen siendo una, a pesar de las separaciones, e incluso a pesar de un distanciamiento que tantas veces se querría intencionado. Puede también vislumbrarse que hablar de una sustancia física del intelecto quizá no sea, después de todo, más metafórico que hablar de la realidad de los movimientos físicos elementales, si somos capaces de aventurar ésa su acreción concéntrica y el timbre y gama de sus resonancias; tal sustancia sería al fin un destilado de la sustancia de la propia vida. El mismo tono corporal es la más externa de estas capas concéntricas, aunque para hablar desde un punto de vista puramente externo, tengamos siempre disponibles los esquemas de diferenciación anatómica con todas sus ramificaciones.

Tienen gran afinidad el vientre y la mirada; ojo y vientre no pueden dejar de reflejarse —a lo largo de la suma del tiempo y en cada instante, cernidos por sus respectivos diafragmas, ambos se encuentran más o menos enfocados; experimentan grados de acomodación. Su compenetración la percibimos en los otros como nitidez o transparencia, su ausencia como velos de niebla y opacidad. En una palabra, lo enfocado y el material con que se enfoca coinciden, y esa complicidad no escapa a nosotros que estamos mirando y de repente vemos. Lo mismo puede aplicarse a cualquier objeto con el que, más allá del escrutinio, busquemos también compenetración. De la compenetración con el centro de la ambigüedad surge la nitidez; y sólo por esto lo real, que es tan ambiguo como nuestra acomodación, admite diversas pretensiones de ser alguna vez perfilado. De semejante certidumbre no pueden dejar de salir intenciones contrapuestas.

www.ingramcontent.com/pod-product-compliance
Lightning Source LLC
LaVergne TN
LVHW041107150826
845673LV00007B/1954

* 9 7 9 8 2 2 7 8 7 3 0 5 7 *